LA
HISTORIA
MÁS
CURIOSA

Alberto Granados (Madrid, 1965). Periodista y escritor, trabaja desde 1997 en la Cadena SER, donde dirige y presenta los programas *A vivir que son dos días Madrid* y *Ser curiosos*. Es autor de *Leyendas urbanas* (Punto de Lectura, 2010), *¿Es eso cierto?* (Aguilar, 2009) y coautor de *Titanes de los fogones* (2005).

tusleyendasurbanas@yahoo.es

LA
HISTORIA
MÁS
CURIOSA

ALBERTO GRANADOS

punto de lectura

© 2010, Alberto Granados
© De esta edición:
2011, Santillana Ediciones Generales, S.L.
Torrelaguna, 60. 28043 Madrid (España)
Teléfono 91 744 90 60
www.puntodelectura.com

ISBN: 978-84-663-2473-1
Depósito legal: B-30.039-2011
Impreso en España – Printed in Spain

© Diseño de cubierta: Opal/Works

Primera edición: octubre 2011

Impreso por **black**print
A CPI COMPANY

Todos los derechos reservados. Esta publicación
no puede ser reproducida, ni en todo ni en parte,
ni registrada en o transmitida por, un sistema de
recuperación de información, en ninguna forma
ni por ningún medio, sea mecánico, fotoquímico,
electrónico, magnético, electroóptico, por fotocopia,
o cualquier otro, sin el permiso previo por escrito
de la editorial.

Índice

Agradecimientos

A Paula y Roberto, dos trocitos de mi corazón. Solamente verlos crecer hace que me sienta bien y su sonrisa ilumina todo mi ser.

A Sonia, mi mujer y mi compañera para el resto de mi vida. Gracias por cuidarme tan bien y hacerme sentir importante.

A todos los que me han echado una mano con informaciones, contactos, artículos, etcétera.

Al maldito mojarra Iñaki de la Torre, a Ainhoa Goñi y a los amigos de la revista *Quo.*

A Eric Frattini, por ser mi hermano y presentarme a un grupo tan maravilloso de gente como Silvia Arbaiza, Javier Algarra, Gemma Aycart, Antonio Olmos, Sofía Loring, Félix Hernando, Manolo Llamas o Rosa Serrano, con los que tan buenos momentos hemos compartido.

A Pablo Álvarez, mi editor, por la confianza y por escuchar todas mis sugerencias. A Rosa Pérez, Ana Lozano y Marta Donada, imprescindibles en la creación y la difusión del libro. Y a Santos López, precursor del proyecto.

A los que me han dado su apoyo incondicional, como Paco Pérez Caballero, Teo Rodríguez, Roberto Cuadrado, Juan Luis Iglesias, el abuelo Pinar, Fernando Marañón, Paco Patón, que siempre tiene reservada para mí una sonrisa, o Juan Núñez, que consiguió que finalizara este libro en La Habana.

A los oyentes, los colaboradores y el equipo de *Ser curiosos* y de *Hoy por hoy*, por ser cómplices de esta auténtica locura y en especial a Fernando Berlín, mi compañero durante todos estos años radiofónicos y a Margit Martín y Pablo Batlle, imprescindibles en mis programas.

A los compradores de *Leyendas urbanas* y de *¿Es eso cierto?*, que fueron el principal impulso para que se escribiera este libro.

A mis hermanos de la Encomienda Templaria y Hospitalaria de Teruel, con los que tan buenos momentos he compartido y compartiré.

A los doctores Cabrera y Forteza, las manos mágicas a las que debo mi buena salud.

A mi familia y mis hermanos, en especial a Pablo, que siempre es un gran apoyo. A mi familia política y en definitiva a todos aquellos que, como Mariano Revilla, alguna vez apostaron por que dentro de mí existía un periodista.

Para apuntar tus sugerencias o compartir tus impresiones escribe a tusleyendasurbanas@yahoo.es

Introducción

Querido lector... ¡Bienvenido a mi mundo curioso! Y precisamente esa ansia de conocimiento me obliga a preguntarle: ¿qué vía ha sido la que lo ha conducido hasta *La historia más curiosa?* ¿Fue tras haber leído algún otro libro mío? ¿Tras ver, escuchar o leer alguna entrevista? ¿O simplemente al hojearlo en la librería?

Se lo pregunto porque si es la primera vez que se encuentra cara a cara con algún libro mío debería advertirle de que ya hace tiempo que me catalogué como *Homo curiosos;* sí, sí, esa rara especie de individuos que se distinguen del resto porque tienen un singular apetito por conocer y comprender todo lo que los rodea.

Ese afán por las historias curiosas fue el que me empujó a bucear por las leyendas urbanas intentando encontrar algo de realidad en ese oscuro mundo de la ficción. También llevado por el ansia de saber recopilé un montón de historias apasionantes relacionadas con el mundo de la ciencia.

Y ahora nos enfrentamos a un emocionante paseo por cientos de curiosidades históricas. Pero, claro, no se van a encontrar ustedes las habituales, las que ya conocen, las más estudiadas. Comenzarán a desfilar ante su retina personajes tan increíbles como Narmer, el primer faraón del Antiguo Egipto que reinó durante sesenta y dos años y que tuvo una extraña manera de morir: ¡aplastado por un hipopótamo! Ésta es una de las muchas «muertes curiosas» que descubrirá.

Si hablamos de reyes y monarcas, obviamente tampoco me iba a quedar con las historias convencionales. Les contaré, por ejemplo, las manías que tenían muchos de ellos, como la del rey francés Luis VI, *El Gordo* o *El Batallador,* que prohibió que los cerdos circularan con libertad por las calles de París o, tras la muerte de

Juan II de Portugal, apodado *El Príncipe Perfecto*, que se ordenó que ningún ciudadano del reino se afeitara la barba durante seis meses como muestra de respeto y duelo.

La Iglesia también está presente en *La historia más curiosa*. Gracias a este capítulo conocerá cuáles han sido los Papas españoles, cuál fue el primer Papa martirizado o la increíble vida de Marozia, hija, amante, madre y abuela de Papas.

Daremos un repaso por las mentiras de la historia, acontecimientos que creíamos verdaderos y que los historiadores modernos han sacado a la luz pública con una versión diferente. Sería lo que podríamos considerar las «leyendas urbanas» de la historia.

Los «malos» también han tenido, por desgracia, su sitio en la historia con personajes tan crueles como Gilles de Rais, el aristócrata asesino, famoso por su brutalidad y por ser uno de los personajes más sanguinarios de la historia; el terrible Vlad Tepes, el famoso *Empalador* o el odiado Torquemada, personajes de una historia teñida de sangre.

Monstruos, espías, historias relacionadas con la guerra y un sinnúmero de protagonistas curiosos cierran este libro que finaliza con un puñado de personajes interesantes con historias fantásticas que parecen sacados de una novela. Apasionante es la vida, por ejemplo, de Jasper Maskelyne, un mago que trabajó para el ejército británico durante la Segunda Guerra Mundial haciendo uso contra el enemigo de la única arma que conocía: la magia. O la apasionante biografía de varias pistoleras del Lejano Oeste, como Calamity Jane, una mujer que desenfundaba el revólver a la misma velocidad que cualquier vaquero del momento.

Así es este libro. Continuar depende tan sólo de tu curiosidad... ¡Adelante!

ALBERTO GRANADOS MARTÍNEZ

1

Muertes históricas

Sí, es cierto que no es la mejor manera de comenzar un libro pero estoy convencido de que, cuando finalicen la lectura de este capítulo, tendrán la certeza de que era imprescindible conocer las increíbles muertes que han sufrido muchos personajes conocidos y anónimos a lo largo de la historia.

Algunas de estas muertes han sido significativas para lo que sucedería tiempo después; otras, en cambio, como la mayoría de los agraciados con un premio Darwin, han sido necesarias para mejorar la calidad de la especie humana (al menos ésa es la filosofía de estos curiosos galardones).

APLASTADO POR UN HIPOPÓTAMO

No es una buena manera de morir (si es que existe alguna) y aunque parezca poco creíble así murió Narmer, el primer faraón del Antiguo Egipto, o al menos así lo atestiguó el escritor e historiador Julio Africano.

Este faraón reinó durante sesenta y dos años y murió al ser arrollado por un hipopótamo.

También un hipopótamo fue el responsable de la muerte de su sucesor, Aha, el segundo faraón de la historia del Antiguo Egipto y al que se le atribuyen grandes mejoras y adelantos para su reino. También es el que estableció que se construyeran templos para los dioses egipcios. Según algunas narraciones de la época el faraón murió como consecuencia de las heridas que le produjo un hipopótamo durante una cacería. Aha fue enterrado en Abidos, el primer complejo funerario de la historia de Egipto.

Devorado por un cocodrilo

No abandonamos Egipto si queremos conocer una curiosa muerte: la de Jety I o Actoes, el primer faraón de la Dinastía IX.

Este faraón es conocido por su crueldad. Según algunos historiadores de la época, su mandato fue tan terrible que provocó «el lamento de todo Egipto». Las crónicas también apuntan que Jety I padeció trastornos mentales que desembocaron en locura. Finalmente moriría al ser devorado por un cocodrilo.

Muerto por calvo

Aunque a Esquilo (dramaturgo griego muerto en Gela en el año 456 a.C.) el oráculo le vaticinó que moriría aplastado tras el derrumbamiento de una casa, tuvo una muerte mucho más increíble.

Este personaje, predecesor de Sófocles y Eurípides, fue muy importante en su época y la historia lo recordará como el creador de la tragedia griega. Esquilo, a pesar de haber participado en varias batallas contra los persas, como la de Maratón, la de Salamina y posiblemente la de Platea, tuvo una muerte bastante ridícula.

Al parecer el dramaturgo griego murió golpeado por una gran tortuga que dejó caer desde el aire un águila. La rapaz, intentando romper el caparazón de la tortuga para devorar la carne de su interior, debió de confundir la calva del sabio con una roca. El impacto fue tan fuerte que Esquilo cayó al suelo abatido por el golpe.

Asesinado por discutir

Seguro que si Arquímedes hubiera conocido el desenlace de su última discusión la habría evitado. Este matemático griego nacido en el puerto de Siracusa (Sicilia, Italia) es considerado como uno de los científicos más importantes de la Antigüedad clásica. Precisamente muchos de esos conocimientos los aplicó en la fortificación de la ciudad de Siracusa para protegerla de la conquista romana durante la Segunda Guerra Púnica.

Los ejércitos romanos dirigidos por el general Marco Claudio Marcelo realizaron una gran ofensiva para tomar el importante puerto italiano. Una numerosa flota se acercó hacia la ciudad fortificada, pero los barcos fueron repelidos por enormes piedras lanzadas por los defensores gracias a unas potentes catapultas inventadas por Arquímedes.

También los barcos se sintieron amenazados por la llamada «garra de Arquímedes», un curioso artilugio mecánico parecido a una grúa con un enorme gancho al final. Al dejar caer el pesado brazo sobre un barco enemigo lo desplazaba y movía hasta que conseguía hundirlo.

Aunque no hay una constatación veraz, también se ha adjudicado a este gran matemático la utilización de grandes espejos para la defensa de sus fortificaciones. Al acercarse los barcos romanos giraban estas superficies pulidas en dirección al sol y así conseguían que la luz y el calor reflejados fueran tan intensos que los navíos se incendiaran a distancia.

Los romanos tardaron tres años en tomar el histórico puerto. Curiosamente la confianza que da sentirse inexpugnables fue lo que propició su derrota, acaecida durante la celebración de una fiesta dentro de la ciudad. Después de varias horas de baile y bebida los soldados de una de las torretas de vigilancia se descuidaron y fue por ese sector por el que los romanos, que seguían atentamente todos los movimientos de su enemigo, pudieron acceder a la ciudad y hacerse con su control.

El día que cayó Siracusa Arquímedes estaba dibujando algunas figuras geométricas sobre la arena de la playa. Al parecer un soldado romano se plantó delante de él para llevarlo preso. El matemático, en lugar de asustarse, se puso a gritar enfurecido recriminando a su enemigo por haberle pisado las figuras dibujadas en la arena. El soldado indignado le ordenó que cerrara la boca y que lo acompañara hasta sus superiores. Arquímedes lo menospreció y se negó a abandonar aquel recinto hasta no haber dado con la solución al problema que había planteado. Herido en su orgullo, el soldado desenvainó la espada y lo atravesó varias veces con ella a pesar de que el general romano Marcelo había ordenado que se atrapara con vida al respetado científico.

Fue el propio general el que ordenó honrar a su enemigo construyendo una tumba en la que se reflejó una esfera dentro de un cilindro, que simboliza el teorema favorito del matemático griego.

MUERTO DE RISA

Aunque parezca una invención, sí que es posible morir de risa y además tiene un curioso nombre: hilaridad fatal.

El primer muerto de risa de la historia fue el filósofo griego Crisipo de Soli, que falleció alrededor del año 208 a.C.

Este sabio griego murió de risa mientras veía a su burro intentándose comer una planta después de haberle dado de beber vino, parece ser que no aguantó la divertida situación y su pulso se aceleró de tal manera que le provocó un colapso.

CLEOPATRA Y LA SERPIENTE

Muchos han sido los calificativos que se han escrito sobre la última reina de la dinastía de los Ptolomeos: ambiciosa, inteligente, despiadada, exótica, cautivadora... Un mito que ha perdurado hasta nuestros días. Un personaje que la historia jamás dejará de juzgar y del que nunca terminaremos conociendo toda la verdad.

Cleopatra Filopator Nea Thea nació en Egipto sobre el año 69 a.C. y murió en el año 30 a.C. A los dieciocho años aproximadamente subió al trono de su país junto a su hermano Ptolomeo XII, que solamente tenía doce y con el que curiosamente tendría que casarse por imposición de su padre.

La vida de esta faraona fue apasionante, plagada de conspiraciones, estratagemas y de amores, pero en este capítulo nos centraremos sobre todo en su muerte porque mucho se ha especulado también sobre el fallecimiento de nuestra protagonista.

¿Muerte? ¿Asesinato? ¿Suicidio? Todas las teorías se contemplan cuando hablamos del final de Cleopatra porque su muerte sobrevino en un periodo complicado para ella: en esos momentos su credibilidad estaba cuestionada y se sentía presionada por Roma, que deseaba acabar con ella. La teoría que más fuerza cobra es que Cleopatra ordenó a sus criadas (Iras y Charmion) que le llevaran una cesta con frutas y que dentro ellas pusieran una cobra egipcia, el famoso áspid. Cuando la soberana fue a coger una de las frutas del cesto, la serpiente la mordió y el mortal veneno cumplió en pocos minutos su cometido.

Otra de las teorías es que los propios soldados de Octavio fueron los que la asesinaron al negarse ésta a acompañarlos. Por último hay una curiosa conjetura que habla de que Cleopatra utilizó una aguja impregnada en veneno, primero se rasgó la piel con ella y luego puso su veneno dentro de las heridas para que hiciera un rápido efecto.

Miedo a la mantequilla

¿Puede el miedo a la mantequilla provocar la muerte de una persona? Al menos existen muchas referencias que aseguran que Gaspar Balaus, médico, orador y poeta, que vivió en el siglo XII, tuvo un final inducido por ese miedo.

Al parecer este médico sufría obsesionado con la certeza de que estaba hecho de mantequilla y por culpa de esta creencia evitaba acercarse a cualquier fuente de calor. Se le veía huir, por ejemplo, de una chimenea encendida o de los fogones de las cocinas.

Se cuenta que un día mientras paseaba comenzó a notar mucho calor producido por el sol que lucía en toda su intensidad. Por miedo a derretirse Gaspar se lanzó de cabeza a un pozo. Al parecer no murió derretido pero sí ahogado.

De este modo tan accidental murió el rey Enrique I de Castilla (Valladolid, 1204-Palencia, 1217).

Este joven accedió al trono cuando apenas tenía 10 años tras la muerte de su padre Alfonso VIII y la de sus seis hermanos mayores. Su corta edad propició que su madre Leonor de Plantagenet ocupara la regencia, algo que asumió durante muy poco tiempo ya que el monarca falleció a los 13 años de una pedrada cuando jugaba con otros niños a la teja en el palacio episcopal de Palencia. El joven monarca fue enterrado en el monasterio de Santa María la Real de las Huelgas de Burgos.

Siempre se ha asegurado... ¡Mucho ejercicio es malo!

Ya lo dijo un amigo mío: ¡correr es de cobardes! Le hubiera venido muy bien aplicar esta sentencia al rey Felipe I, apodado *El Hermoso*, aunque según las crónicas provocó la locura a la reina Juana.

El que llegaría a ser rey de Castilla y de León nació en Flandes un 22 de julio de 1478 y su padre (Maximiliano I, emperador del Sacro Imperio Romano) arregló su matrimonio con Juana I de Castilla con el afán de unir ambas coronas para evitar la expansión francesa.

Aunque investigaciones modernas apuntan a que este rey falleció a consecuencia de la peste, existe una teoría mucho más extendida y que relata que la muerte del monarca, acaecida en la Casa del Cordón (Burgos), sucedió tras haber jugado a la pelota. Al parecer Felipe I, todavía sudoroso, bebió una gran jarra de agua helada, lo que le produjo fiebres muy altas que acabarían con su vida. Obviamente tampoco falta en esta muerte una teoría conspirativa que habla de que el rey fue envenenado. Lo cierto es que la muerte prematura del monarca (con 28 años) agravó la locura de su esposa, la reina Juana, que terminaría siendo recluida por su padre en el Palacio de Tordesillas.

Muerto en aguas pantanosas

Y el fallecido en tan ridícula situación fue César Borgia (Roma, 1475-Navarra, 1507), que tenía un currículum envidiable: duque, príncipe, conde, obispo, cardenal... No muchos pueden presumir de haber sido general del ejército vaticano con tan sólo 20 años. Una brillante trayectoria y una muerte violenta tras ser víctima de una emboscada perpetrada por tres enemigos.

Los hechos ocurrieron mientras César Borgia se encontraba al mando de un numeroso ejército preparado para tomar el castillo de Viana que se le estaba resistiendo. Una noche se desató una fuerte tormenta y el general decidió levantar por esa vez la vigilancia, momento que utilizaron algunos jinetes seguramente ayudados por algunos vecinos para introducir en el sitiado castillo víveres que les permitirían aguantar un mes más.

A la mañana siguiente César Borgia descubrió a lo lejos que huían los jinetes que habían suministrado los víveres al castillo y decidió, encolerizado, tomar sus armas y su caballo y cabalgar tras ellos. La persecución fue intensa, tanto que César no se percató de que ni sus soldados ni su guardia habían podido seguirlo. Tres de los jinetes perseguidos le prepararon una emboscada y le obligaron a que su caballo se dirigiera hacia un terreno pantanoso donde comenzó a hundirse. Mientras César Borgia peleaba con uno de sus atacantes recibió una lanzada en la axila y tras caer al barro fue rematado por el resto de los jinetes. Sus rivales lo despojaron de sus ropas y de todo lo que llevaba y lo dejaron tirado en el barro sin que nadie supiera distinguir de quién era el cuerpo que yacía en el suelo. Finalmente sería su paje el que lo reconoció y alertó de su muerte.

INVADIDO... ¡POR LOS PIOJOS!

¿Se puede morir infectado de piojos? La medicina al menos dice que sí. El personaje que falleció de tan triste manera gobernó los designios de los españoles durante muchos años. Se trata del monarca español Felipe II.

El Prudente, que es como se apodaba el rey, nació en Valladolid el 21 de mayo de 1527 y reinó no solamente en España sino también en Nápoles, Sicilia, las Indias, Portugal e incluso Inglaterra gracias a su matrimonio con María I. Pero todos estos reinos no fueron suficientes para que tuviera una muerte algo más glamurosa como correspondería a su estatus. Felipe II falleció en el Monasterio del Escorial después de soportar más de cincuenta días de agonía postrado en su lecho. El monarca sufría de dolores intensos tras unas fiebres tercianas y los médicos que lo rodeaban no eran capaces de hacer que mejorara. Era tal el estado de degradación que sufría el rey que los médicos, en los últimos días de su vida, le prohibieron confesar por miedo a que se ahogara al tragar la sagrada forma.

Felipe II, en cuyos dominios no se ponía el sol, falleció un 13 de septiembre de 1598 por una pitiriasis, una erupción cutánea provocada por una invasión masiva de piojos.

MUERTO POR INDIGESTIÓN DE MELONES

Si Felipe II tuvo una muerte curiosa, qué decir de la de Maximiliano I (nacido en Viena, Austria, el 22 de marzo de 1459). El emperador romano-germánico falleció en Wels el 12 de enero de 1519 al parecer... ¡por una indigestión de melones!

Este monarca fue enterrado según cuentan las crónicas en el ataúd que el propio emperador había mandado construir años antes y que lo acompañaba en todo momento.

MUERTO POR CULPA DEL PROTOCOLO

Hoy en día las normas protocolarias están muy bien delimitadas. Todo el mundo conoce a la perfección cuál es el papel que hay que desempeñar y las reglas no son tan estrictas como lo eran, por ejemplo, en la época de Felipe III.

Felipe III (1578-1621), apodado *El Piadoso*, se encontraba un día en sus aposentos repasando la correspondencia diaria. Era el mes de marzo y el frío en el palacio era intenso, por lo que un furrier depositó a los pies del monarca un brasero. Del frío gélido se pasó en minutos a un calor intenso. El rey comenzó a sudar y a sentirse algo indispuesto. El brasero estaba colocado tan cerca del monarca que empezó a empapar de sudor sus ropajes. El marqués de Tovar, mayordomo del rey, se percató de su malestar y rápidamente avisó al oficial de semana para que se retirara de los pies de Felipe III el brasero tan molesto. El oficial de semana no quiso correr con esa responsabilidad y pidió que se avisara al oficial de furriería que, según él, era el encargado de esa tarea. El personal comenzó a buscar desesperadamente al duque de Uceda, que era el responsable de esos menesteres. Para cuando quiso llegar el oficial de furrielería y separar el brasero del monarca ya se encontraba el rey con una erisipela febril provocada por la excesiva sudoración mantenida bajo los gruesos ropajes reales.

A los pocos días el rey fallecería incompresiblemente debido a la rigidez del protocolo.

APALEADO CON SU PROPIA PIERNA

Ésta es quizá una de las muertes más horribles que he reflejado en el capítulo. La sufrió Arthur Aston (1590-1649), un soldado profesional que durante la reconquista de Irlanda estuvo al servicio del rey Carlos I de Inglaterra.

Como militar consiguió grandes logros e incluso fue nombrado gobernador de Oxford en 1643 aunque un terrible accidente (perdió una pierna tras caerse de un caballo) lo alejó del cargo.

A pesar de este defecto físico pronto regresó al combate con el apoyo de una pierna de madera. Aston se puso a las órdenes del conde de Ormonde y juntos resistieron un fuerte envite en el puerto de Drogheda (Irlanda), donde tuvo lugar uno de los episodios más sangrientos de la guerra de los Tres Reinos.

El ejército en el que militaba perdió todas sus posiciones y aunque se rindieron ante las tropas de Oliver Cromwell los soldados victoriosos no tuvieron piedad y masacraron a todos los defensores de Drogheda. Solamente quedaron unos cuantos hombres atrincherados en Millmount Fort y aunque negociaron una rendición, en la que pactaron un alto el fuego, fueron desarmados y asesinados impunemente por sus captores.

Arthur Aston fue apresado por sus enemigos, que le arrancaron la pierna de madera pensando que escondía oro y monedas en su interior. Al comprobar que no guardaba nada lo apalearon con ella hasta que acabaron con su vida.

EL PROBLEMA DE SER «DEMASIADO COMPETENTE»

Y es que muchos profesionales son tan responsables que son capaces de acabar con su vida antes que fracasar en una tarea encomendada.

Esto le sucedió a François Vatel (París, 1631-Chantilly, 1671), uno de los cocineros más famosos de la historia francesa y el creador de la crema Chantilly. Desde muy joven comenzó su carrera gastronómica y pasó por varias cocinas de grandes personajes de la Corte francesa hasta que finalmente fue contratado por Luis II de Borbón-Condé como responsable de la gastronomía del castillo de Chantilly.

Aunque Luis II había caído algo en desgracia en la Corte intentó solucionarlo invitando a su palacio a cenar al rey Luis XIV de Francia y a toda su Corte.

El príncipe de Condé organizó para agasajar al rey una fiesta que duraría tres días y tres noches con más de tres mil invitados. No escatimó gastos con tal de ganarse los favores del monarca, una gran responsabilidad para nuestro protagonista que en sólo quince días tuvo que elaborar menús, comprar género, cocinar...

El día del primer banquete los problemas se iban acumulando en las cocinas. El responsable de que todo saliera bien, François Vatel, estaba desquiciado y para colmo... ¡el pescado encargado no llegaba!

El cocinero, desesperado ante la tensa situación, cogió una espada y se atravesó. Según cuentan algunas versiones el cadáver del cocinero fue encontrado por su ayudante cuando acudía a avisarle de que el pescado ya había llegado.

Muerte por desenfreno

Eso es lo que apunta la rumorología respecto a la defunción de François Félix Faure, sexto presidente de la Tercera República francesa, que al parecer fue encontrado muerto en el Palacio del Elíseo el 16 de febrero de 1899 mientras practicaba sexo con su amante, Marguerite Steinheil, de 30 años. Al parecer el sobreesfuerzo realizado durante el acto le produjo una conmoción cerebral.

Obviamente el incidente fue utilizado por sus detractores, que hicieron circular el rumor de que el presidente había fallecido mientras Marguerite le realizaba una felación. También se llegó a apuntar que el mandatario había muerto en un prostíbulo de París mientras practicaba sexo con una prostituta que al notar al presidente sin conocimiento sufrió un terrible shock que obligó a los médicos que los atendieron a separarlos de una forma trágica: seccionando quirúrgicamente el pene del presidente.

Muerto por empacho

Tengo el presentimiento de que existe algún lector al que no le importaría morir así: ¡comiendo!

El caso que tratamos es de Adolfo Federico de Suecia (1710-1771), un monarca que no pasó a la historia precisamente por los logros conseguidos durante su mandato, dominado sobre todo por el poder que ejercía el Parlamento. Pero sí será recordado por las comilonas que regalaba a su cuerpo. Una de ellas acabó con su vida el 12 de febrero de 1771. El menú de la cena ya de momento imponía respeto y estaba compuesto de varios platos entre los que se incluía: langosta acompañada de caviar, col, ciervo, arenques ahumados y todo regado con unas cuantas copas de champán. Lo más curioso es que al parecer lo que se lo llevó al otro barrio fue el postre, del que repitió... ¡en catorce ocasiones! Se trataba de semla, un postre típico sueco realizado a base de harina y relleno de crema y pasta de almendras, espolvoreado de canela y servido dentro de un tazón de leche caliente... ¿Es o no para tener una digestión complicadita?

Muerto por creerse un pájaro

Franz Reichelt fue un conocido y prestigioso sastre austriaco. Su residencia y el taller donde trabajaba estaban en la bulliciosa ciudad de París. Reichelt compartía su afición por las telas con otra algo más curiosa: ¡la aeronáutica!

Este sastre ideó basándose en algunos diseños de Leonardo da Vinci una especie de traje-paracaídas, algo parecido a una capa y que según él le permitiría simular el vuelo de un murciélago.

Este peculiar personaje probó su diseño con un muñeco que lanzó desde la Torre Eiffel. Aunque el sastre pudo comprobar que el maniquí se estampó contra el suelo prefirió argumentar que el muñeco había caído en picado por no haber podido abrir los brazos durante el descenso.

Poco tiempo después y obsesionado con que su diseño funcionaba, decidió probarlo él mismo. Las autoridades de la Torre Eiffel, desde donde pretendía lanzarse, le concedieron el permiso con la condición de que la policía autorizase aquella locura. En un principio las autoridades se negaron a permitir aquel acto suicida pero finalmente Reichelt lo consiguió tras firmar un documento donde se responsabilizaba de todos sus actos y liberaba al resto de posibles actuaciones legales.

El 4 de febrero de 1912 fue el día elegido por Franz para llevar a cabo la prueba definitiva. Escalón a escalón subió a lo más alto de la torre cargado con su pesado equipo. Un gran número de curiosos y periodistas observaban desde abajo incrédulos y expectantes. Franz Reichelt no se lo pensó mucho. Se situó en el borde de una de las barandillas y se lanzó al vacío.

A pesar de abrir todo lo que pudo los brazos se precipitó en picado y se estrelló violentamente contra el suelo ante la mirada estupefacta de decenas de personas que pudieron comprobar que efectivamente su diseño no funcionaba.

Rasputin, a la cuarta va la vencida

Grigori Yefímovich Rasputin fue un místico ruso, un extraño y misterioso personaje que llegó a ser confidente de la familia real rusa gracias a sus especiales dotes para calmar y curar al hijo del zar de Rusia: el zarévich Alexei, enfermo de hemofilia.

La influencia que este personaje llegó a ejercer sobre la familia real rusa fue tan importante que no había nombramiento o destitución de cargos e incluso de ministros que no hubieran sido aconsejados por él. Este hecho levantó grandes envidias y odios entre la clase aristocrática, que incluso tramaron su asesinato.

Rasputin fue invitado a palacio una noche de diciembre de 1916 por un grupo de aristócratas, entre los que se encontraba el príncipe Yusupov y el gran duque Dmitri Pavlovich (uno de los pocos Romanov que conseguiría escapar de la muerte durante la Revolución) con el pretexto de encontrarse con la sobrina del zar. Una vez allí lo agasajaron con vino y con dulces (que llevaban dosis de cianuro potásico capaces de acabar con la vida de cinco personas juntas). Las pastas de té no fueron suficientes para acabar con la vida del místico por lo que el príncipe Yusupov sacó la pistola y le disparó. Convencido de que lo había matado, avisó al resto de invitados. Cuando llegaron, observaron que incomprensiblemente Rasputin hacía ademanes de estar vivo. Aterrorizados, dos cómplices más dispararon sobre el curandero real. Rasputin seguía moviéndose como si estuviera inmunizado contra las balas. Sin saber muy bien cómo actuar, decidieron envolverlo en una manta y tirarlo a un río helado donde murió. Su cuerpo se encontró tres días después en las aguas congeladas. Es curioso que sus pulmones estuvieran repletos de agua, lo que indicaba que seguía aún con vida cuando fue arrojado al río helado.

Tennessee Williams, el gran dramaturgo americano (1911-1983), no sólo ha pasado a la historia por sus importantes obras como *Un tranvía llamado deseo*, *La gata sobre el tejado de zinc caliente* o *La noche de la Iguana* o por sus notables premios. A partir de este momento también lo conoceremos por su extraña muerte, acaecida cuando tenía 71 años.

Tennessee fue encontrado muerto en una habitación de hotel tras atragantarse con el tapón de un bote de pastillas. Ésa es al menos la versión oficial porque muchos de sus allegados aseguraron que el gran dramaturgo había sido asesinado.

Lo cierto es que la policía, al encontrar en el dormitorio del hotel varios botes de medicamentos y alcohol, comenzó a manejar la hipótesis de que Tennessee Williams estaba bajo los efectos de estos excitantes. Los agentes explicaron que ésta pudo ser la razón por la que el escritor abriera torpemente el tapón de uno de los botes con la boca, lo que produjo el posterior atragantamiento.

Y EL TRUCO NO FUNCIONÓ...

Y no es porque el mago al que nos referiremos a continuación no fuera profesional. Se trata de Joseph Burrus, un artista del escapismo que falleció en octubre de 1990 tras un terrible accidente mientras rodaban su propio enterramiento para un programa de televisión.

El mago americano pretendía enterrarse dentro de una caja de metacrilato que él mismo había construido. La intención era escaparse de la caja enterrada y sepultada por tierra y cemento. Estaba tranquilo porque ya había conseguido otras veces salir de tan complicada situación aunque hasta el momento solamente había sido enterrado en arena.

Una vez dentro de la caja sus ayudantes empezaron a sepultarlo con arena y cemento mientras las televisiones iban grabando todo lo que ocurría. Cuando el cemento comenzó a tapar el cajón alguien se dio cuenta de que el improvisado féretro se había resquebrajado por el excesivo peso de la mezcla. Aunque los operarios intentaron desalojar el hormigón nada se pudo hacer por salvar la vida de Joseph Burrus, que falleció asfixiado en su propia caja.

LOS PREMIOS DARWIN

Los premios Darwin se crearon hace años para premiar a título póstumo «la estupidez humana». Obviamente no se trata de un premio serio, más bien se toman las muertes con humor y con ironía haciendo gala de una curiosa premisa reflejada en su propia página web (www.darwinawards.com): «Los premios Darwin recompensan a los individuos que han decidido, de manera involuntaria, proteger nuestro patrimonio genético sacrificando sus propias vidas. Los ganadores de este premio se han eliminado de manera extraordinariamente idiota, lo que mejora las posibilidades de supervivencia de nuestra especie a largo plazo».

Estos premios tuvieron su origen en Estados Unidos en 1985, cuando se publicó un artículo en el que se mencionaba una muerte absurda relacionada con una máquina de escribir. Aquel incidente tuvo mucho eco en Internet, pues suscitó miles de comentarios jocosos. A partir de ese momento se generó un gran debate en la red y cada vez que se produce una ridícula muerte pasa directamente a formar parte de una lista anual que se publica desde 1991.

Es obvio que no puede entrar todo el que desee en esta macabra lista: el aspirante deberá superar unos cuantos requisitos que enumero a continuación.

1. Imposibilidad de reproducción. El principio fundamental que rige estas menciones es que el nominado no pueda seguir traspasando sus genes a otras generaciones. Aunque suene muy macabro el candidato al premio debe estar muerto o haber quedado estéril tras el accidente. Eso sí, si alguien sobrevive a una hazaña increíblemente estúpida, no se le concede el premio pero se le propone para una Mención honorífica.

2. Autoselección. El candidato debe causarse su propia muerte. El premio jamás se concede a alguien que provoque el fallecimiento de otra persona por muy estúpida que sea.

3. Madurez. El potencial premiado debe ser mayor de edad y estar en su sano juicio.

4. Excelencia. La imprudencia del premiado debe ser única, impresionante y sobre todo... ¡divertida!

5. Veracidad. El suceso acaecido debe tener verificación, es decir, la prensa, a ser posible medios *serios*, tiene que haber publicado el accidente o bien que existan testigos oculares del suceso. Si se descubre que la historia es falsa o inventada, automáticamente se desclasificará.

Año 2009

30 de mayo. Tamera Batiste, de 22 años, molesta porque su novio conduce muy despacio, lo increpa para que acelere para no llegar tarde a su trabajo. Enfrascada en una gran discusión con su pareja, le asegura que podría llegar antes a su destino andando. Para demostrárselo abre la puerta de la furgoneta (con el vehículo a toda velocidad) y planta un pie en la carretera. Obviamente la joven cae rodando y muere en el accidente. Funcionarios de la oficina del sheriff de San Tammany Parish comprobaron que en el momento del accidente el joven conducía a la máxima velocidad que permitían las señales de la carretera.

27 de junio. La urbanización donde vivía Mieczyskaw Mil, de 64 años, perdió el suministro de luz tras una fuerte tormenta que dañó las líneas eléctricas y que dejó sin electricidad a unos diecisiete mil hogares de la zona. Los bomberos y los operarios reestablecieron poco a poco la corriente pero a la vivienda de Mil no llegaba. Tras siete horas de espera perdió la paciencia e intentó arreglar por su cuenta la instalación. En varias ocasiones los bomberos pudieron controlar al indignado vecino prohibiéndole el paso a los contadores. Pero este hombre era tenaz. Se colocó unas bolsas de plástico en los pies, cogió algo de material y tras burlar la vigilancia llegó hasta el cuadro de alimentación. Protegido por las bolsas de los pies se colocó sobre un charco y comenzó a investigar el fallo eléctrico con tan mala suerte que resbaló, se agarró a los cables y recibió una descarga mortal.

Año 2008

20 de abril. El padre Adelir Antonio de Carli, de 42 años, tenía un sueño: quería establecer el récord de permanencia en el aire en globo. El objetivo era difundirlo para recaudar fondos destinados

a un área de descanso para camioneros, y publicitarlo, lo que se dice publicitarlo... ¡lo publicitó!

El padre pretendía llegar desde la ciudad de Paranaguá, estado de Paraná, al sur de Brasil, hasta el Mato Grosso do Sul, cerca de Paraguay. Para conseguirlo se preparó con la más moderna tecnología: una silla de las de picnic, cientos de globos de cumpleaños, un transmisor para comunicarse y un GPS. El padre comenzó a elevarse en el aire y tras internarse en las nubes nunca más se lo vio. El transmisor apenas tenía batería (se le había olvidado cargarlo la noche anterior) y no sabía utilizar el GPS.

El cuerpo del sacerdote fue encontrado dos meses después del *despegue* en alta mar por un remolcador brasileño.

13 de mayo. Aquí el premio es realmente merecido. El accidente sucedió en Suiza cuando varios jóvenes empezaron una competición de escupitajos en el balcón del hotel en el que se hospedaban. Uno de ellos con la intención de escupir más lejos cogió carrerilla desde el interior de la habitación y se abalanzó sobre la barandilla para lanzar su escupitajo a más distancia. Lamentablemente perdió el equilibrio, cayó al vacío y se desplomó contra la acera desde unos siete metros de altura.

16 de julio. Este increíble suceso le ocurrió en Italia a un señor llamado Gerhard, de 68 años, que tenía un lujoso Porsche Cayenne recién comprado. Al parecer, tras permanecer unos minutos en una fila de coches que esperaban en un cruce de ferrocarril, perdió la paciencia y aceleró por un lateral intentando pasar antes de que se cerraran las barreras. Justo cuando llegaba comenzaron a bajarse las barreras de seguridad y su lujoso coche quedó atascado en medio de las vías del tren entre las dos barreras. El conductor desesperado salió rápidamente de su vehículo y en lugar de escapar comenzó a correr por las vías con los brazos en alto intentando alertar al conductor del tren para que frenara la locomotora.

Sí, el desenlace fue terrible aunque el coche recibió menos daños que su propietario, que salió despedido tras el impacto unos treinta metros.

Diciembre. Aunque en realidad sucedió en diciembre de 1988 se le concedió el premio años después, exactamente en 2008.

La historia sucedió entre dos jóvenes trabajadores en una fábrica de aluminio de Rumanía. Al parecer estos operarios comenzaron a jugar con una manguera de aire comprimido que se utilizaba para accionar cierto tipo de herramientas industriales.

Primero uno de ellos le barrió el polvo de la ropa al otro, la historia parecía divertida. Animados por las risas, uno de ellos se bajó los pantalones para sentir el aire a través de los testículos. Ya envalentonado y con los pantalones por las rodillas, pidió a su amigo que le introdujera la manguera por la parte trasera para a continuación expulsar un fuerte gas. Lo que no suponía este joven es que la presión con la que salía el aire le produciría ruptura de colon y parte de los intestinos. El operario cayó desplomado y murió en pocos minutos tras sufrir una hemorragia interna ante la mirada atónita y petrificada de su compañero.

Año 2007

4 de abril. Aquí la moraleja está muy clara: uno debe saber medir muy bien sus propias fuerzas. Al menos así no hubiera terminado como acabó un individuo de 49 años en Alemania. Parece ser que este atleta para impresionar a su mujer se descolgó fuera del balcón de su séptimo piso y para demostrar su fuerza comenzó a realizar unas cuantas flexiones, frente a su mujer, agarrado a la barandilla por el exterior de la vivienda. Llevaba un estilo de vida sedentaria y el peso de los años comenzó a hacer mella en los músculos, que perdieron fuerza. Tras siete u ocho flexiones el hombre no fue capaz de elevarse de nuevo, cayó los siete pisos del edificio y se empaló en un arbusto del jardín de su urbanización.

28 de julio. Un grupo de ladrones en la República Checa intentaban robar chatarra de una fábrica abandonada en la localidad de Kladno. Por desgracia los cacos comenzaron a desmantelar una viga de acero sin percatarse de que era la que mantenía el techo de uno de los tejados. Finalmente la techumbre se derrumbó, aplastó a dos ladrones y dejó a otros tres heridos.

Año 2006

17 de abril. Philip, de 60 años, estaba ingresado en un hospital de Inglaterra. El médico le había advertido de manera insistente que no podía fumar. El enfermo estaba recibiendo un tratamiento para la piel y cada cierto tiempo lo cubrían con una crema de parafina muy inflamable.

Desatendiendo las indicaciones del doctor, Philip no pudo resistir sus ganas de fumar y se marchó a la escalera de incendios. Allí encendió un cigarrillo y lo fumó entero pensando que el médico había exagerado. Fue justamente cuando tiró el cigarrillo al suelo y al ir a apagarlo con su zapatilla cuando su pijama (impregnado de parafina) se prendió y todo su cuerpo comenzó a arder. A las pocas horas falleció en cuidados intensivos.

17 de noviembre. Este accidente ocurrió en Singapur en el dormitorio universitario de Li Xiao, un estudiante de una escuela de negocios. Este joven llevó su pasión por la música a tal extremo que mientras escuchaba a su grupo favorito a todo volumen y saltaba en la cama dando botes con una guitarra imaginaria rebotó del impulsó y cayó por la ventana abierta de su dormitorio. No estaría de más apuntar que el joven habitaba en un tercer piso y que falleció en el acto.

Año 2005

19 de marzo. Está claro que antes de vengarse de alguien uno tiene que pensárselo bien. Esta reflexión le hubiera venido genial a Christopher, un joven de 19 años de Míchigan que tras ingerir una gran cantidad de alcohol y comprobar que ya no le quedaba más, comenzó a obsesionarse con la idea de que su vecino le había robado una botella de whisky. Indignado, acudió a la casa del vecino, cuchillo en mano, intentando atemorizarlo para que le devolviera la supuesta botella robada, pero no lo consiguió y volvió a su casa sin bebida y humillado. Con el orgullo herido y aún bajo los efectos del alcohol, comenzó a tramar su venganza.

No se le ocurrió nada mejor que autolesionarse y culpar al vecino: Christopher se metió en su cuarto de baño y se apuñaló dos veces. La primera herida no parecía muy peligrosa, por lo que lo intentó de nuevo con más saña, tanta que se perforó el ventrículo izquierdo. Tardó unos tres minutos en desangrarse ante la atónita mirada de su mujer, que nada pudo hacer por salvar la vida de su alcoholizado marido.

18 de septiembre. Una pareja de ladrones robaron a dos transeúntes a punta de navaja. Después de sustraerles el bolso y un teléfono móvil los asaltantes se dieron a la fuga. Uno de ellos escapó a gran velocidad y el otro, que se encontraba en peor forma física, comenzó

a notar que las fuerzas le fallaban. Su compañero ya había huido y él todavía estaba muy cerca de la zona donde habían asaltado a la pareja. A lo lejos vio su solución: una valla no muy alta. Sin pensárselo dio un gran salto para comprobar, demasiado tarde, que al otro lado de la valla había una caída de unos diez metros dentro de la jaula de los tigres de Bengala del Zoológico de Bloemfontein. El cuerpo sin vida del desdichado ladrón fue encontrado horas más tarde por un cuidador del Zoo, que lo descubrió gracias a que los tigres estaban alimentados y no hicieron caso a tan «exquisito manjar».

Año 2004

26 de mayo. La policía australiana no salía de su asombro. Un hombre al pretender entrar a su casa por la ventana de la cocina se había ahogado en su propio fregadero. Tras una larga investigación los agentes encontraron una posible explicación: al parecer este hombre había llegado borracho a su casa e incompresiblemente decidió entrar por la ventana de la cocina a su casa (la policía le descubrió las llaves de su piso en el bolsillo del pantalón). La ventana (que estaba encima del fregadero) era de las que se abría hacia arriba y tras un pequeño esfuerzo consiguió levantarla. Cuando había introducido medio cuerpo por la ventana, cayó el cristal y lo dejó atrapado con la cabeza dentro del fregadero. Al intentar incorporarse debió de dar con su codo en el grifo del agua caliente y allí quedó ahogado. Los investigadores no se explicaron por qué no buscó una solución rápida, como intentar quitar el tapón del desagüe, desviar el tubo al fregadero de al lado o simplemente apagar el agua. La única conclusión lógica es que el individuo en cuestión debía de estar demasiado borracho.

Año 2000

3 de mayo. Un camionero del estado de Arizona deseoso de emociones fuertes instaló en su furgoneta Chevrolet un motor a reacción (de los utilizados por los aviones F-14). Quería probar en una carretera totalmente recta y sin circulación de un desierto cercano qué velocidad podía llegar a conseguir. Cuando el piloto puso en marcha aquel monstruoso motor, el vehículo salió impulsado a tal

velocidad que llegó a alcanzar los setecientos kilómetros por hora para después volar unos veinticinco segundos y acabar estrellándose contra una gran roca, lo que ocasionó un cráter de tres metros de profundidad.

Finalmente se descubrió que esta historia era sólo una leyenda urbana inventada aunque es una de las más conocidas. De hecho, en Internet se pueden encontrar innumerables referencias a este suceso e incluso fotos y vídeos que se intentan colar como reales.

Año 1998

28 de agosto. A veces ganar una apuesta no es la mejor recompensa. El ejemplo es claro: un hombre de 28 años que se ahogó en una piscina de un complejo de apartamentos en Míchigan mientras apostaba con sus amigos a ver quién podía aguantar la respiración durante más tiempo bajo el agua. Obviamente ganó la apuesta y el premio Darwin.

31 de octubre. Un joven de Canadá decidió que para disfrazarse en la noche de Halloween utilizaría un traje de momia que él mismo se fabricó. Se envolvió en algodón que a su vez enrolló con papel de baño por todo su cuerpo.

Mientras esperaba a su novia pensó que para pasar el rato no había nada mejor que fumarse un cigarrillo. Un descuido al encenderse el cigarro provocó que el traje saliera ardiendo como una antorcha. Aunque los bomberos acudieron con rapidez el joven sufrió unas quemaduras tan graves que falleció a las pocas horas en el hospital donde lo ingresaron.

Año 1997

28 de marzo. En Houston dos estudiantes universitarios decidieron ir a las vías del tren más cercanas a su universidad y colocar varias monedas para que al paso del tren quedaran aplastadas.

Los jóvenes fueron precavidos porque después de colocar las monedas se alejaron prudentemente varios metros para observar de forma segura cómo el tren espachurraba las monedas. De lo que no se percataron los dos estudiantes es que estaban esperando sobre otro par de vías y que justo cuando llegaba el tren que aplastaría las monedas también llegaba otra locomotora por la vía en la que ellos estaban. Los dos impactos se produjeron a la vez: por un lado, el de las monedas y, por el otro, el de los jóvenes.

Año 1992

27 de abril. Eran las tres de la madrugada cuando Ken Charles Bargar fue despertado bruscamente por el sonido del teléfono. A oscuras trató de alcanzar el auricular del teléfono pero cogió, confundido por el rápido sobresalto, su revólver del 38 especial y se disparó en la cabeza tratando de contestar la llamada.

Año 1989

28 de marzo. Jacques le Fevrier era un ciudadano francés que lo tenía todo preparado para su suicidio. Se dirigió hacia un acantilado cercano y se ató una cuerda al cuello con un nudo corredizo y amarró fuertemente el otro extremo de la cuerda a una gran roca cercana. Ingirió veneno, se roció con gasolina y se prendió fuego. Por si esto fallaba se disparó con una pistola que llevaba justo en el momento que saltaba hacia el vacío.

Pero incomprensiblemente la muerte le dio esquinazo. La bala no le impactó pero el disparo perdido sí que por casualidad cortó la soga por encima de él. Libre de la cuerda cayó al mar, donde se apagaron sus ropas incendiadas. Para colmo de lo inaudito tragar algo de agua salada le hizo vomitar y así expulsó también el veneno de su cuerpo. Un pescador que estaba en la zona lo rescató y lo trasladó de urgencia al hospital donde falleció... ¡de hipotermia!

Año 1982

26 de junio. Larry Walters, de Los Ángeles, es uno de los premios Darwin que más portadas en los medios ha conseguido y curiosamente logró una mención honorífica en estos premios sin fallecer durante el accidente.

Vamos con la historia de este ciudadano cuyo frustrado sueño era ser piloto de las fuerzas aéreas. Walters solicitó su ingreso en la

Academia del Aire del Ejército americano pero a los pocos días fue expulsado por su mala visión.

Como a Walters le seguía rondando en la cabeza la idea de volar no se le ocurrió otra cosa que comprar cuarenta y cinco globos meteorológicos de una tienda de excedentes de la Marina, inflarlos con helio y atarlos a su silla de jardín. Cargó una pequeña bolsa con bocadillos y guardó en ella una pistola de perdigones. Su idea era permanecer en el aire unas dos horas y luego ir disparando a los globos en el momento que quisiera descender a tierra.

Pero sus planes no salieron como los tenía diseñados. Sus amigos acudieron a soltar la amarra que lo sujetaba a la tierra en el patio de su casa. El frustrado piloto pensaba que al cortar el anclaje subiría suavemente hacia las alturas pero no fue así. Al soltar la cuerda los globos se elevaron como si Walters hubiera sido expulsado por un cañón. Subió tan alto que tuvo miedo de disparar a los globos por temor a precipitarse a gran velocidad. Permaneció unas catorce horas a la deriva, muerto de frío y agarrado a su cerveza y a su bocadillo.

Al final se armó de valor y comenzó a disparar a algunos globos, lentamente fue descendiendo sin poder calcular dónde aterrizaría con la mala fortuna de que las cuerdas de los globos se quedaron enganchadas en los cables de una torre eléctrica. Nuestro heroico piloto se desmayó ante tanta presión y permaneció allí colgado una hora hasta que los equipos de rescate de la Policía de Los Ángeles lo bajaron y lo detuvieron por haber violado unas cuantas leyes aéreas de ese estado.

Algunos sin fecha

A veces la curiosidad aporta algún que otro premiado a las listas. Es el caso de un coleccionista de 29 años apasionado por los artilugios de buceo. Al parecer este joven compró un equipo utilizado por los hombres rana de la Marina rusa. La máscara de buceo no funcionaba bien y decidió repararla él mismo. La policía lo encontró en el suelo de su dormitorio asfixiado con la máscara de buceo puesta.

Un macarrilla de San Luis, Robert Puelo, de 32 años, estaba causando problemas en un céntrico mercado de la capital. Tras varios avisos el dependiente de uno de los puestos amenazó con llamar a la policía si no dejaba de armar escándalo. Puelo, haciéndose el chulito, cogió desafiante un perrito caliente del puesto del vendedor, se lo introdujo entero dentro de la boca y se fue sin pagar.

La policía lo encontró inconsciente delante de la tienda: los médicos sacaron una vienesa de unos quince centímetros de su garganta. Al parecer se había atragantado con el pan y cayó fulminado.

Como habíamos comentado anteriormente, los premios también se conceden a personas que no hayan fallecido, basta que queden estériles en el accidente para que también se los nomine. Éste es el caso de un joven de Dinamarca. Pertenecía a una banda callejera en un tiempo en el que los altercados entre bandas rivales estaban en pleno apogeo. Debido a estos enfrentamientos las discotecas y los locales de copas habían extremado las medidas de seguridad a la entrada de sus recintos. Por eso nuestro protagonista, que pretendía entrar armado con una escopeta de caza en una discoteca, quiso camuflar bien el arma para no ser descubierto en la entrada de acceso al local.

Para pasar inadvertido pensó que lo mejor era escondérsela dentro de los pantalones al estilo del oeste. Por desgracia cometió un error y al guardarse el arma ahí se le disparó y se voló el aparato reproductor.

El rastro de sangre que dejó en la puerta del local fue suficiente para que la policía lo siguiera y lo encontrara a pocos metros refugiado en la casa de su novia. Fue detenido y se negó rotundamente a ser atendido en un hospital.

El siguiente nominado nos recuerda la importancia de ser gracioso en su justa medida. El suceso ocurrió en casa de un individuo que invitó a comer a un amigo. El anfitrión tenía una preciosa pecera repleta de pececitos de colores en el salón. Al llegar el invitado, intentando gastar una broma al dueño de la casa, se introdujo un pececito tropical de unos quince centímetros en la boca, simulando que se lo iba a comer. La fatalidad hizo que el pez se le escurriera de las manos y se quedara obstruido en la garganta. Nada se pudo hacer por salvar su vida.

Santiago Alvarado, de 24 años, intentaba atravesar reptando el techo de una tienda de bicicletas para robar en su interior en Lompoc, California. Como debía arrastrarse por el falso techo por el que se había colado, se introdujo una gran linterna cilíndrica en la boca para irse alumbrando con los brazos libres para gatear. Finalmente el falso techo no pudo con su peso y cayó al suelo con tan mala suerte que la linterna que llevaba en la boca se incrustó en la base del cráneo y le provocó la muerte instantáneamente. El titular del periódico que anunciaba su muerte rezaba: «La próxima vez una linterna más pequeña, por favor».

Un empresario decidió que quería jugar al golf durante una tormenta. El capricho le costaría caro al llegar al hoyo 8. Con la vejiga a punto de explotarle se puso a orinar bajo un árbol cercano. Un rayo chocó en ese momento contra la tierra cercana adonde se encontraba. Una descarga eléctrica fluyó hacia arriba a través de su chorro de orina, lo envió volando hacia atrás y lo mató al instante. Fue encontrado más tarde con su aparato tostado al aire por los agentes de seguridad del campo.

Esta nominación también se considera justificada. Un ciudadano inglés, abatido por una reciente pelea con su novia, decidió que necesitaba un poco de aire fresco para aclarar sus ideas. Había muchos lugares en los que reflexionar pero pensó que sería una buena idea subirse a una torre de conducción eléctrica situada al sur de Hartford, al lado de la carretera I-91. De camino a la torreta pasó por una pequeña tienda y compró un pack de seis cervezas que lo ayudarían a despejar sus pensamientos.

Así que nuestro candidato al premio Darwin se sentó a unos veinte metros de altura por encima de la carretera, bebiendo su cerveza, consolando su dañado ego. Llevaba cinco cervezas cuando no pudo aguantar la necesidad de orinar. Observó que no había nadie cerca de la torreta que pudiera verlo, bajó la cremallera y comenzó a orinar hacia el prado. El fluido comenzó a mojar uno de los cables, la corriente formó un arco con su chorro (el agua salada es un excelente conductor de la electricidad) y alcanzó sus partes pudendas y lo arrojó con violencia fuera de la torre. Sobra decir que no sobrevivió al accidente.

Un buen fin para toda esta relación de macabros premiados es el de un hombre que decidió confeccionarse su propio disfraz para Halloween. Tenía la intención de inventar un artilugio que diera la impresión de que tenía un cuchillo clavado en el pecho.

El premiado se disimuló bajo el disfraz una tabla de madera, tomó un cuchillo de enormes dimensiones y comenzó a clavarlo suavemente en la tabla oculta. Al principio no debía de clavarse muy bien porque comenzó a golpear el cuchillo cada vez más fuerte con un martillo. En uno de los golpes no debió de medir bien su fuerza porque el cuchillo penetró en el pecho y le provocó al instante la muerte.

2

Leyendas urbanas de la historia

No cabe la menor duda de que si hablamos de historia dependemos «del cristal con el que miremos». Basta dar un repaso a los libros de textos que aún conservamos de nuestra infancia (sobre todo si has pasado los cuarenta) para comprobar que muchas de las aseveraciones que allí se vertían poco o nada tienen que ver con la realidad.

A la capacidad que tienen los gobernantes de trastocar la realidad en su beneficio tendríamos que añadir en la actualidad ese gran escaparate cultural que es Internet.

Como en numerosas ocasiones he comentado, hoy en día la «red de redes» es una fuente de información inigualable pero a las ventajas que tiene también tendríamos que contraponer los inconvenientes. Simplemente con que tecleemos en algún buscador el nombre de un personaje histórico nos aparecerán a continuación centenares de miles e incluso millones de entradas que nos conducirán a un sinfín de páginas y blogs que a veces nos darán una información contradictoria del personaje. En algunas ocasiones datos tan concretos como la fecha de nacimiento varía y no seremos capaces de saber cuál es la real.

Por estas razones cada vez abundan más las que hemos denominado «Leyendas urbanas de la historia» o simples afirmaciones que los historiadores y los investigadores han comprobado que a pesar de estar muy arraigadas en nuestra cultura son inciertas y en algunos casos manipuladas. A continuación enumeramos algunos ejemplos sorprendentes.

Eva no tentó a Adán con una manzana

Seguramente si piensa en Adán y Eva pecando en el paraíso de forma automática vendrá a su memoria la imagen que realizó en 1507 el artista Alberto Durero. Son dos pinturas realizadas por este gran pintor renacentista que muestran a la pareja sosteniendo en las manos una manzana (aunque en realidad en el Génesis no se menciona en ningún momento que el fruto prohibido sea precisamente el elegido por el pintor alemán). Génesis 16, 17: «Y mandó Dios al hombre diciendo de todo árbol del huerto podrás comer, más del árbol de la ciencia del bien y del mal no comerás, porque el día que de él comieres ciertamente morirás».

Es posible que tengamos la idea de que el «fruto prohibido» sea una manzana precisamente por los pintores renacentistas que así lo expresaron en sus cuadros.

No es correcta la frase «Es más fácil que un camello...»

Y seguramente en más de una ocasión la habremos escuchado: «Es más fácil que un camello pase por el ojo de una aguja que un rico entre en el reino de los cielos». Lo cierto es que es una mala traducción que hemos asumido desde hace siglos. Y todo porque uno de los traductores de la Biblia al latín cometió una equivocación y en lugar de traducir la palabra *kamelos* con su significado correcto, «soga o maroma gruesa utilizada para amarrar los barcos», lo cambió por «camello» como animal.

La expresión continuó errónea a lo largo de los siglos sin que nadie hiciera nada por restituir el significado correcto, quizá porque el mensaje de la frase sigue intacto pasemos una «maroma» o un «camello» por el «ojo de una aguja».

Los vikingos no usaban cascos con cuernos

El estereotipo que todos tenemos de los vikingos es de guerreros altos y fuertes, rubios o pelirrojos y bárbaros sedientos de sangre.

También los imaginamos coronados con un casco de largos cuernos, algo de lo que no existe ninguna evidencia histórica. Esta representación más bien se la debemos a la invención de Gustav

Malstrompor, un pintor sueco, que los retrató con esos típicos cascos para unas ilustraciones que realizó en 1820 para el poema épico «Frithiof's Saga». El pintor pretendía mostrar a los guerreros vikingos como seres casi demoniacos.

Cleopatra no era precisamente una «belleza»

La historia nos ha contado que Cleopatra poseía tal belleza que todos sus pretendientes quedaban embelesados. Hollywood también contribuyó a aumentar la fama de seductora de la reina egipcia gracias a que su personaje fue interpretado para la gran pantalla por Elizabeth Taylor, una de las actrices más bellas del cine de aquella época.

Cleopatra Filopator Nea Thea (69 a.C-30 a.C) fue la última reina del Antiguo Egipto de la dinastía Ptolemaica, y gracias al parecer a su belleza y a su sensualidad puso a sus pies a los hombres más importantes de aquella época, como Julio César o Marco Antonio.

El mito de la belleza de la reina egipcia lo han destruido dos monedas encontradas en el archivo británico. En ellas se muestra una Cleopatra con la nariz larga y afilada, una barbilla pronunciada y los labios nada sensuales. Tampoco su gran amor Marco Antonio sale bien parado. El general romano tenía los ojos saltones, la nariz aplastada y el cuello robusto.

La moneda encontrada es un denario de plata que debió de ser acuñado en el año 32 a.C. Por una cara se encuentra grabada la cabeza del general con la inscripción «Antonio Armenia devicta» (De Antonio que venció en Armenia). En el reverso aparece Cleopatra con la inscripción: «Cleopatrae Reginae regum filiorumque regum» (Reina de reyes y de los hijos de reyes).

Los Reyes Magos no fueron tres

Mucho se ha especulado sobre los famosos Reyes Magos aunque en realidad existe muy poca documentación que sustente cuántos fueron, quiénes o de dónde provenían. La única referencia que encontramos es en el Evangelio de Mateo y tampoco nos aporta muchos datos: «Nacido, pues, Jesús en Belén de Judá en los días del rey Herodes, llegaron de Oriente a Jerusalén unos magos diciendo: ¿Dónde está el rey de los judíos que acaba de nacer?» (Mateo 2,1-2).

Curiosamente en un cuento navideño escrito en 1896 por Henry Van Dyke se habla de un cuarto Rey Mago llamado Artabán con una desafortunada historia a sus espaldas. Al parecer una serie de desdichas hicieron que nuestro cuarto Rey Mago no llegara a tiempo al punto de encuentro desde el que partirían todos los Reyes hacia Belén. ¿El motivo de su tardanza? Según relatan en el cuento, Artabán, que portaba como ofrenda para Jesús un diamante protector de la isla de Méroe, un espectacular rubí de las Sirtes y un trozo de jaspe de la Isla de Chipre, se encontró en su camino con un viejo moribundo al que unos ladrones habían apaleado. El Rey Mago interrumpió su viaje para atender al viejo herido y le entregó el diamante que guardaba para que no tuviera problemas económicos el resto de su vida. Desolado por no encontrar a sus compañeros de camino, continuó él solo hacia Judea. De nuevo se detuvo al observar cómo unos soldados de Herodes degollaban a varios niños recién nacidos. Artabán ofreció a uno de aquellos guardias el rubí a cambio de la vida de uno de los pequeños que iban a asesinar pero su actitud sólo le sirvió para ser apresado y encerrado en el palacio de Jerusalén.

Tras treinta años de cautiverio y mientras vagaba por las calles de Jerusalén escuchó que al Mesías lo iban a crucificar. El cuarto Rey Mago se encaminó a adorar a su Señor pero en el camino reparó en que la hija de un comerciante iba a ser subastada para pagar las deudas de su padre. Artabán ofreció a cambio de la venta su último presente: el trozo de jade.

Pero finalmente todas sus desgracias fueron recompensadas y tras la resurrección de Jesucristo se cuenta que éste se le apareció entre sueños y le dijo: «Tuve hambre y me diste de comer, tuve sed y me diste de beber, estuve desnudo y me vestiste, estuve enfermo y me curaste, me hicieron prisionero y me liberaste». Artabán preguntó al Señor en qué momento había realizado esos actos y Jesús le contestó: «Lo que hiciste por tus hermanos lo hiciste por mí».

De este modo Artabán vio recompensadas todas las penurias sufridas a lo largo de su viaje, camino a Jerusalén.

Robin Hood no fue el «ladrón de los pobres»

Según la leyenda, Robin de los bosques era un arquero que vivía escondido en los bosques de Sherwood (cerca de la ciudad de Nottingham). Su fama creció gracias a que robaba a los ricos y después distribuía el botín entre los más desfavorecidos. Como tal leyenda, es complicado encontrar cuál sería el personaje real al que se le atribuía tanta fama.

Algunos investigadores han revelado que este «bandido bueno» podría ser un hombre llamado Hood, nacido en 1290 en el condado de York y que se rebeló en armas contra el rey Eduardo II de Inglaterra. La rebelión fue aplastada y Robin Hood se refugió en los bosques de Sherwood. Según los historiadores es posible que también este Hood atracara las caravanas de comerciantes que pasaban por el bosque pero, eso sí, sin repartir el botín con los pobres.

Finalmente el propio rey y un grupo de nobles disfrazados de monjes consiguieron apresar al revolucionario Hood y hacerle prestar fidelidad a su monarca.

La guerra de los Cien Años no tuvo esa duración

Estos enfrentamientos bélicos entre franceses e ingleses duraron realmente 116 años, de 1337 a 1453, y fueron el resultado de muchas tensiones producidas por sucesiones y por conquistas territoriales. Finalmente los franceses se impusieron en una guerra que tuvo bastantes periodos de tregua para reconquistar muchos territorios perdidos. Los ingleses tan sólo conservarían la ciudad de Calais, en concreto hasta 1558.

Juana de Arco no fue francesa

Esta heroína y militar conocida también como la doncella de Orleans (1412-1431) no fue francesa a pesar de lo que siempre se ha afirmado. Juana nació en Domrémy, una pequeña aldea perteneciente al ducado de Bar. Este ducado era independiente hasta que pasó a ser parte de Lorena y finalmente anexionado a Francia en 1776.

Otra de las leyendas que se cuentan sobre Juana de Arco es que fue una niña pobre. Aunque su padre, Jacques Darc, trabajaba en el campo, era coarrendador de una casa solariega fortificada y uno de los principales vecinos de Domrémy.

Hernán Cortés no quemó sus naves

Tomar una decisión de la que uno no se puede arrepentir es algo recurrente a lo largo de la historia. El ejemplo es Alejandro Magno en el año 335 a.C. cuando arribó a las costas de Fenicia. El gran general se debía enfrentar a un ejército tres veces superior en número al suyo. Sus hombres estaban atemorizados y la posible derrota comenzó a hacerse evidente. Alejandro Magno decidió quemar sus naves y asegurar a sus hombres que o alcanzaban la victoria o jamás regresarían a sus hogares. Aquello fue suficiente para elevar la moral de la tropa que consiguió derrotar a sus adversarios y regresar a casa a bordo de los barcos conquistados a sus enemigos.

También Julio César ha pasado a la historia al pronunciar la famosa frase «Alea iact es» (La suerte está echada) cuando atravesó con sus ejércitos la noche del 11 de enero del año 49 a.C. el río Rubicón, un hecho prohibido por Roma para cualquier general. Traspasar las fronteras de tan famoso río al mando de un ejército armado significaba convertirse en enemigo de la República romana y comenzar una guerra civil.

Por último, un hecho parecido se le adjudicó a Hernán Cortés a su llegada al Nuevo Mundo. Existe la creencia de que el conquistador extremeño mandó quemar sus naves para que ninguno de sus hombres pudiera regresar a casa sin completar su misión, aunque según relató posteriormente Bernal Díaz del Castillo, el cronista que lo acompañó en la conquista de México, Cortés no quemó las naves sino que las embarrancó y las barrenó para abrir unas cuantas vías de agua, pero dejó una intacta que posteriormente mandaría a Cuba para solicitar el aprovisionamiento de víveres y tropas.

FERRANTE CORTESE

ISABEL LA CATÓLICA JAMÁS DIJO: «NO ME CAMBIARÉ LA CAMISA HASTA QUE RECONQUISTEMOS GRANADA»

Aunque muchos estén convencidos de lo contrario, la Reina Católica jamás pronunció esa frase tan antihigiénica, aunque sí una de sus descendientes, Clara Eugenia de Austria (Segovia, 1566-Bruselas, 1633), hija de Isabel de Valois y de Felipe II, gobernadora de los Países Bajos, que juró no «quitarse la camisa hasta no haber reconquistado la ciudad de Ostense» en manos de los Tercios de

Flandes. De hecho se tardaron tres años en recuperar esta plaza imprescindible para dominar el mar del Norte.

Es posible que esta «leyenda urbana histórica» provenga de uno de los libros que el escritor Washington Irving (1783-1859) dedicó al ilustre marino. Irving era un gran conocedor de la historia de nuestro país gracias a que estuvo durante varios años afincado en El Escorial estudiando los documentos relativos al descubrimiento del Nuevo Mundo. Curiosamente, en una de sus novelas introdujo la escena de «el huevo de Colón» e incomprensiblemente tiempo después se incorporaría a los libros de texto de nuestro país.

Lo cierto es que la afirmación de que la Tierra es redonda se la debemos a Aristóteles (384 a.C.-322 a.C.), uno de los más influyentes filósofos de la antigüedad, que ya en el siglo IV a.C. lo afirmaba. Tiempo después el matemático egipcio Ptolomeo (100-170 aproximadamente), basándose en las investigaciones de Aristóteles, también realizó varias teorías que lo confirmaban.

Lo incuestionable es que cualquier ilustre cortesano de la época de Colón conocía esta afirmación porque había demasiadas

obviedades que así lo ratificaban. Por un lado los eclipses lunares se pueden observar en todos los lugares al mismo tiempo pero a diferentes horas, algo imposible si la Tierra fuera plana. También los antiguos se fijaron en las estrellas y pudieron advertir que si viajaban, por ejemplo, hacia el sur las constelaciones que en su localidad se veían más hacia el norte iban desapareciendo bajo el horizonte al mismo tiempo que iban surgiendo unas nuevas.

También los marinos tenían claro este concepto porque al aproximarse a tierra firme en primer lugar divisaban en el horizonte los picos de las montañas y a continuación los lugares más bajos, algo que no se produciría si nuestro planeta fuera plano.

Lo que verdaderamente se le discutió a Colón y por lo que estuvo a punto de no conseguir la ayuda de la Corona española fue que el marino, según los sabios que evaluaron el proyecto, no había calculado bien el recorrido. El comité aseguraba que las distancias entre continentes eran mucho más largas e imposibles de recorrer con las provisiones que se pueden almacenar en una carabela. Y no estaban demasiado alejados de sus planteamientos. Solamente la suerte y la casualidad hicieron que Cristóbal Colón se encontrara con el Nuevo Mundo.

LAS TRES CARABELAS DE COLÓN SOLAMENTE FUERON DOS

Colón partió del puerto de Palos de la Frontera (Huelva) con rumbo al Nuevo Mundo el 3 de agosto de 1492 con dos carabelas (la *Pinta* y la *Niña*) y con una nao (la *Santa María*). La principal diferencia entre una carabela y una nao es que esta última es de mayor tamaño.

Esta nao utilizada por Colón para el descubrimiento de América encalló en lo que hoy sería la República Dominica el 25 de diciembre de 1492. El barco quedó tan deteriorado que simplemente sirvió para que sus maderas se usaran en la construcción de un fortín bautizado como Fuerte Navidad.

EL MANCO DE LEPANTO NO ERA MANCO

Con ese apelativo se ha quedado para la historia Miguel de Cervantes (septiembre de 1547-abril de 1616), uno de nuestros mejores y más famosos escritores, autor del irrepetible *Don Quijote*.

Cervantes participó como soldado en la famosa batalla de Lepanto a las órdenes de don Juan de Austria contra los ejércitos turcos. En dicha batalla recibió dos arcabuzazos en el pecho y en una mano que quedó inutilizada o «mancada», de ahí el apodo de El Manco aunque en realidad no hubiera perdido la mano.

LA MANIPULACIÓN DE LA FRASE «CON LA IGLESIA HEMOS TOPADO, AMIGO SANCHO»

Esta frase utilizada habitualmente en nuestro idioma para referirnos al poder que ejercen ciertas instituciones y del que no es fácil librarse es una hábil manipulación sacada de contexto del párrafo original, es decir, del *Quijote*.

En realidad la frase se puede encontrar en el capítulo IX de la segunda parte de la novela, en la que don Quijote se dirige a Sancho: «Con la iglesia hemos dado, Sancho», pero refiriéndose a la iglesia del pueblo que iban buscando y no a la Iglesia como institución. Tampoco dice hemos topado si no «hemos dado»; por tanto, no lanzaban un mensaje anticlerical ni nada por el estilo, simplemente apuntaban una certeza: habían encontrado la iglesia del pueblo que iban buscando.

A NEWTON JAMÁS LE CAYÓ UNA MANZANA EN LA CABEZA

¿Quién no recuerda la historia de Newton y la manzana? Seguro que en alguna ocasión le han contado cómo el insigne científico inglés Isaac Newton (1643-1727) descubrió la Ley de la Gravedad. Al menos a mí me relataron que el físico se quedó dormido bajo un manzano cuando una manzana caída del árbol en el que se apoyaba lo despertó. De forma automática comenzó a formular una serie de leyes que explicaban el funcionamiento de la fuerza de gravedad y la atracción entre los planetas.

Curiosamente esta anécdota se conoció tiempo después cuando el doctor William Stukeley (un físico amigo de Newton) publicó una biografía en 1752 que tituló *Memorias de Sir Isaac Newton*.

En este libro el doctor Stukeley se refirió a una conversación que mantuvo con Newton en la que le contaba que paseando por su jardín en un día cálido observó cómo caía una manzana de un árbol (no le cayó en la cabeza) y al observar cómo caía en perpendicular pensó en la fuerza con la que la fruta era atraída por la Tierra y de ahí derivó la famosa ley. También hay quien asegura que la historia de la manzana fue simplemente una metáfora que el científico usó para explicar su famosa Ley de la Gravedad a las mentes menos eruditas.

A pesar de lo que muchos podrán pensar las llamadas brujas de Salem no fueron ejecutadas en la hoguera.

Esta historia nos remonta hasta el siglo XVII. Corría el año 1692 cuando unas niñas de una pequeña aldea de Massachusetts, las hermanas Parris, comenzaron a cambiar de comportamiento. Al parecer se decía que lloraban sin razón, que corrían por la casa a cuatro patas y que ladraban como perros furiosos. Después de ser examinadas se dictaminó que estaban embrujadas por su criada (una mujer antillana). Lo que en un principio comenzó como un juego de niños terminó llevando a muchos inocentes a la horca acusados de brujería. Más de una quincena de personas fueron ejecutadas y otras tantas apresadas y torturadas.

Según las leyes inglesas (todavía no se había declarado la independencia en Estados Unidos) los acusados de brujería eran castigados con la horca. En el caso de que la persona confesara esta pena era cambiada por la desposesión de todos sus bienes y la vergüenza pública. Éste es el motivo por el que las llamadas brujas de Salem no fueron quemadas en la hoguera, más bien fueron ahorcadas.

NAPOLEÓN NO ERA TAN BAJO

Napoleón Bonaparte (1769-1821) ha pasado a la historia como uno de los mejores estrategas y aunque en películas, grabados y pinturas aparecía como una persona bajita no lo era tanto si consideramos la época en la que vivió.

Bonaparte medía 1,68 centímetros, una estatura media para su época, e incluso superior si la comparamos con alguno de sus enemigos, como el general Wellington, que medía cuatro centímetros menos.

LA GUILLOTINA NO FUE UN INVENTO FRANCÉS

Ni tampoco fue inventada como muchos creen por el doctor Joseph-Ignace Guillotin (1738-1814). Este médico y diputado francés simplemente sería el que propondría su uso.

Encontramos las primeras referencias de un artefacto parecido en un grabado del siglo XVI del pintor alemán Alberto Durero, donde se aprecia cómo el dictador romano Tito Manlio ejecuta con un ingenio parecido a la guillotina a su propio hijo. También durante la Edad Media, en Alemania, se conocen artefactos parecidos denominados cortacabezas, que fueron perfeccionados posteriormente en Inglaterra y Escocia.

Y aunque el doctor Guillotin pueda parecer un loco sanguinario fue todo lo contrario: sugirió que se utilizara la guillotina precisamente horrorizado por las ejecuciones que se realizaban de forma habitual, en las que a los reos se les aplicaba un terrible sufrimiento.

La guillotina fue probada en Francia por primera vez el 15 de abril de 1772 en el patio del hospicio Bicêtre de París. En aquel recinto se utilizaron los cuerpos de tres difuntos para comprobar su eficacia ante un grupo numeroso de nobles de la Asamblea Nacional francesa.

Para que pensemos en la eficacia del instrumento bastan unos datos: en 1794 había instaladas más de cincuenta guillotinas en los ochenta y tres departamentos franceses y tan sólo en París fue utilizada con más de veinte mil condenados, pero también se utilizaría en otros países europeos como Bélgica, Suiza, Suecia o Alemania.

La última ejecución efectuada en Francia con este método tuvo lugar el 10 de septiembre de 1977, donde ajusticiaron a un inmigrante tunecino, Hamida Djandoubi, acusado de haber asesinado a su compañera sentimental.

UNA MARCHA DE «MUJERES» MUY MASCULINA

La terrible situación económica que se vivía en París en 1789 provocó que un gran número de mujeres, la mayoría del mercado de la Halle o del barrio artesanal de San Antonio, se sublevaran contra sus mandatarios y organizaran una marcha desde París hasta Versalles, protestando por la escasez de pan e indignadas por el rumor de que pronto se llevaría a cabo el cierre de los molinos.

La historia reflejó que fueron cerca de seis mil mujeres las que armadas con palos, cuchillos y hoces marcharon violentamente hacia Versalles aunque estudios posteriores aseguran que las mujeres congregadas no superaban el centenar y que el resto eran hombres disfrazados con ropas femeninas.

George Washington no fue el primer presidente de Estados Unidos de América

¿Sorprendido? En teoría sí sería George Washington (1732-1799) el primer presidente de Estados Unidos aunque prácticamente se le podría adjudicar este honor a Peyton Randolph, que presidió el Congreso Continental, algo así como un gobierno provisional que agrupaba las trece colonias que formaban la Norteamérica británica y que más tarde se convirtieron en los Estados Unidos de América.

Tras la dimisión de Peyton Randolph ocho personas más serían nombrados presidentes en funciones hasta que en el año 1789 se aprobó la Constitución americana y se llevaron a cabo las primeras elecciones que llevarían a George Washington hasta la presidencia el 4 de marzo de 1789.

Los pieles rojas no inventaron «el cortar cabelleras»

Aunque así se han encargado de mostrárnoslos en las películas americanas, donde se les veía atemorizar a los colonos blancos, asesinarlos y después arrancarles la cabellera. Curiosamente esta práctica la copiaron de sus enemigos, ya que el ejército francés exigía una prueba a sus mercenarios para poder pagarles sus «botines».

De este modo por cada cabellera de un indio muerto que entregaban se les pagaba una recompensa. Los pieles rojas lo único que hicieron es copiar esta terrible práctica.

Van Gogh no se cortó una oreja, sólo un trocito

La vida de este genial pintor merecería un libro entero. Vincent Van Gogh (1853-1890) tuvo una vida llena de vicisitudes y plagada de escándalos, peleas, altercados... Precisamente en una de estas reyertas es donde perdió su famosa oreja (o mejor dicho, el lóbulo de la oreja izquierda que es lo que en verdad se mutiló).

La historia ha reflejado que el 23 de diciembre de 1888 Van Gogh tuvo una acalorada pelea con Paul Gauguin, otro famoso pintor amigo suyo, quien en el transcurso de la discusión amenazó a Van Gogh con una navaja. Éste se marcharía a su casa y se arrancaría el lóbulo con una navaja guardándolo en un pañuelo que horas después regaló a una prostituta en un burdel. Van Gogh regresó a su domicilio, donde posteriormente lo encontraría la policía desmayado y cubierto de sangre. Rápidamente lo trasladarían al hospital, donde permaneció ingresado catorce días.

Ésta podría ser una versión de lo que ocurrió aquella tarde pero también se apunta que pudo ser su amigo Gauguin el que en el transcurso de la pelea le cortara el famoso lóbulo a Van Gogh y ofreciera a la policía una versión muy distinta de los hechos.

El teléfono no fue inventado por Graham Bell

Pronto quedará obsoleto el invento del teléfono tal y como lo conocemos. Cada vez menos hogares tienen el aparato conectado con el cable a la terminal. Los teléfonos móviles se están imponiendo a tal velocidad que, en pocos años, no tendremos ningún teléfono al uso en nuestros hogares.

Algo que la historia se ha cansado de repetir es que el inventor del teléfono fue un escocés llamado Alexander Graham Bell (1847-1922) aunque no es del todo cierto; al parecer Graham Bell fue el primero que lo patentó en 1876, pero el inventor del teléfono habría sido Antonio Meucci, que lo llamó teletrófono, según la resolución 269 aprobada por el Congreso de Estados Unidos el 11 de junio de 2002. Meucci lo inventó en 1860 pero por dificultades económicas no pudo patentarlo oficialmente.

En 1860 Meucci realizó una demostración pública de su invento reproduciendo la voz de un cantante situado a una considerable distancia, la demostración fue reflejada por la prensa neoyorquina. Antonio Meucci pasó una grave crisis económica que lo llevó a vender la patente de alguno de sus inventos; más tarde sufrió un accidente del que salió con graves quemaduras, y ello obligó a su mujer a depositar sus trabajos en un prestamista. Cuando se repuso de las heridas y quiso recuperar sus diseños le dijeron que los habían vendido a un hombre joven. Jamás se le pudo identificar.

Meucci trabajó a marchas forzadas para volver a documentar sus inventos, pero los doscientos cincuenta dólares que costaba registrar la patente sólo le permitían llevar a cabo el primer trámite de inscripción.

Cuando en 1876 se enteró de que un hombre llamado Alexander Graham Bell había registrado una patente similar, Meucci intentó legalmente impedirlo, pero todas sus tentativas le fueron adversas, aunque investigaciones posteriores reflejaron algún delito de prevaricación de alguno de los implicados en aquella trama. Meucci murió en 1896 sin haber conseguido sus objetivos aunque tiempo después se le otorgaría la razón.

La frase «Elemental, mi querido Watson» nunca fue pronunciada por Sherlock Holmes

El famoso y audaz detective creado por el escritor Arthur Conan Doyle (Edimburgo, 1859-Inglaterra, 1930) jamás pronunció esa frase en ninguna de las célebres novelas. Curiosamente tampoco el sombrero a cuadros de cazador de gamos o la pipa con la que todos lo imaginamos eran propias de este ingenioso personaje literario. El sombrero fue invención del ilustrador inglés Sidney Paget y la pipa se introdujo en una obra de teatro londinense... ¡sin permiso del autor!

Una curiosidad del afamado autor es que, al fallecer, la casa donde residía fue rebautizada como 221B de Baker Street, la dirección donde en las novelas residía su personaje. El edificio pertenece en la actualidad a una empresa privada que atiende pacientemente toda la correspondencia que llega para el famoso detective e incluso la publican.

El hundimiento del «Maine» no fue provocado por España

A pesar de que la prensa americana se empeñó durante bastante tiempo en asegurarlo. Corrían los primeros días de 1898 cuando el Gobierno americano envió al puerto de La Habana un acorazado de segunda clase que llevaba el nombre de *Maine*. La excusa puesta por la administración estadounidense fue la de proteger los intereses de sus súbditos asentados en la isla ante el temor de que estallara una confrontación civil entre españoles y rebeldes mambises capitaneados por Antonio Maceo y Máximo Gómez.

A pesar del malestar que generó, el acorazado atracó finalmente en el puerto donde estuvo varios días, pero el 15 de febrero de ese mismo año cerca de las diez de la noche se escuchó una explosión en todo el puerto que dejó mudos a los paseantes. El *Maine* había explotado. Sin datos certeros ni investigación, la prensa americana alertaba en grandes titulares de la muerte de casi toda la tripulación. En total fallecieron doscientos cincuenta y cuatro soldados y dos oficiales. Éste fue el titular publicado: «El barco de guerra *Maine* partido por la mitad por un artefacto infernal secreto del enemigo».

Este incidente fue la excusa perfecta para el arranque de la guerra estadounidense-española que terminaría cuando los españoles se rindieron y se firmó en Estados Unidos el 12 de agosto un armisticio que sería la base para que se llegara al tratado de paz definitivo rubricado por las dos partes en París el 10 de diciembre.

Lo más curioso de todo este conflicto es que investigaciones posteriores han demostrado que la explosión producida en el *Maine* fue interna, provocada por una combustión en la sala de calderas y no un sabotaje de las tropas españolas.

Einstein era un mal estudiante

Muchos profesores de matemáticas caen en la tentación, seguramente por intentar motivar a los alumnos, de explicar que Einstein (1879-1955) no fue un gran estudiante en su época y que tenía la misma dificultad a la hora de aprobar los exámenes que cualquier chico de inteligencia media. Esta afirmación que ayuda mucho a la hora de estimular a los más jóvenes no es del todo correcta.

Albert Einstein fue un niño apasionado de las matemáticas impulsado por su tío Jacob, que habilitó en la casa del pequeño Albert un laboratorio con el que poder sacarse un sobresueldo inventando aparatos tecnológicos. Aunque el negocio no prosperó Eisntein tuvo tiempo de realizar infinidad de experimentos y de crecer entre libros de divulgación científica que devoraba apasionado. Lo que sí es cierto es que el joven Einstein solamente sentía atracción por las matemáticas, el álgebra o la química, y despreciaba otras materias de estudio, lo que lo llevó a tener innumerables problemas en los colegios donde estudiaba.

La conocida como Revolución de Octubre se desarrolló en noviembre

La llamada Revolución de Octubre también pasó a la historia como Revolución Bolchevique y la protagonizaron seguidores bolcheviques al mando de Vladimir Lenin contra el gobierno de Kerensky y sería recordada como la primera revolución comunista del siglo xx.

Curiosamente fue denominada así porque en ese momento histórico Rusia se guiaba por el calendario Juliano, según el cual la fecha escogida para el levantamiento fue el 25 de octubre de 1917. Para el calendario Gregoriano, con el que nos regimos en la actualidad (adoptado un año después), la fecha elegida fue el 7 de noviembre.

3

Los «malos» de la historia

Un paseo por este capítulo puede resultar escalofriante. Es impresionante conocer cuánta «maldad» y cuántos «malos» ha habido a lo largo de la historia.

Para intentar entender a alguno de estos macabros personajes sería necesario juzgarlos con las leyes, la cultura y las costumbres de la época. En ese caso es posible que las atrocidades que realizaron, por ejemplo, algunos emperadores nos resulten algo comprensibles.

Otros personajes, en cambio, no tendrán ninguna explicación ni dentro ni fuera de su contexto histórico. ¡Cómo poder comprender los terribles asesinatos cometidos por el malvado Vlad Tepes, el famoso empalador, o los crueles y despiadados experimentos realizados por el doctor Mengele!

Este capítulo es posible que se quede corto y seguramente usted conozca a un buen número de asesinos y «malos» de la historia. Aquí hemos querido mostrar los que nos han resultado más curiosos y con vidas más sorprendentes.

LOS EMPERADORES ROMANOS MÁS CRUELES

Tiberio

Tiberio César Augusto (42 a.C.-37 d.C.) fue el segundo mandatario romano que utilizó el título de emperador de Roma. La historia lo recordará como uno de los más grandes generales romanos aunque esa gloria bélica no superaría a su fama de sanguinario y cruel gobernante.

Tiberio gozaba de una excelente forma física y era vegetariano aunque esa dieta sana no consiguió apartarlo de uno de sus peores vicios: la bebida en exceso.

Toda su vida estuvo marcada por una serie de «muertes extrañas» de sus oponentes que hacía que no tuviera competidores. Pero Tiberio no era feliz y no deseaba gobernar Roma. De hecho, en dos ocasiones se exilió voluntario, en primer lugar a Rodas, donde permaneció alejado durante siete años, más tarde a la isla de Capri, su último destino.

Su gobierno alcanzó gran popularidad entre el pueblo, que veía con buenos ojos las medidas que adoptaba, como prohibir que se lo adorase en los templos o se esculpieran esculturas con su rostro. Durante sus mandatos se prohibieron las religiones, se persiguieron a los astrónomos y se ejecutó a Jesucristo. En los últimos tiempos comenzó a exteriorizar todas sus fantasías y sus perversiones sexuales al crear el cargo de intendente de los placeres con el único objetivo de que le proporcionaran «mujeres jóvenes y dispuestas» a entregarse a sus vicios. Se le acusó de practicar el sadomasoquismo y la pedofilia.

Su crueldad comenzó a hacerse evidente incluso con su familia. Fue capaz de dejar morir a su propia madre y de prohibir cualquier muestra de afecto hacia la persona que lo llevó en sus entrañas, jurando asesinar a quien la recordara con cariño. Después la locura alcanzó a todos sus opositores políticos, a los que asesinaba y desposeía de todos sus bienes y sus riquezas, que pasaban directamente a su patrimonio. Su violencia no tuvo límites, pues llegó a asesinar a cientos de personas. Ordenó también acabar con uno de sus ministros y con toda su familia. Como las leyes prohibían condenar a muerte a las vírgenes mandó violar a la hija del ministro de 11 años para que después se la pudiera asesinar impunemente.

En su último exilio en la isla de Capri se dedicaría a hacer realidad todas sus perversiones sexuales. En este paraíso se desataban casi a diario orgías escandalosas en las que se abusaba de decenas de jóvenes y adolescentes que debían acatar las órdenes de un depravado Tiberio. En esta exuberante isla el mandatario romano poseía varias villas y palacios donde organizaba bacanales que terminaban con sexo y sangre.

Todos estos excesos comenzaron a pasarle factura, física y socialmente. En la isla ya se hablaba de los abusos del emperador y el pueblo comenzó a desear su muerte.

Murió asesinado en casa de uno de sus amigos en Capri a los 78 años y con una gran fortuna atesorada durante un largo periodo de abusos constantes. Son varias las hipótesis que se barajan sobre su muerte: algunos aseguran que fue envenenado, otros dicen que asfixiado con su propia almohada y otros apuntan que fue muerto por inanición.

Calígula

Cayo Julio César Augusto Germánico (12-41 d.C.) fue el digno sucesor del cruel Tiberio, pues se ganó también la fama de malvado y sanguinario, y es posible que incluso lo superara. De hecho, Calígula, que compartía retiro en Capri con Tiberio, arrancó el anillo del dedo del emperador cuando todavía su cuerpo se encontraba caliente autoproclamándose nuevo César. Durante aquel tenso proceso se rumorea que Tiberio, que aún daba algunas señales de vida pidió un vaso de agua ante la mirada horrorizada de su sucesor. Uno de sus seguidores tuvo que asfixiar con una almohada al moribundo general para que Calígula pudiera al fin proclamarse César.

Aunque Calígula murió joven y no pudo gobernar durante mucho tiempo el pueblo lo adoraba y con su mandato el Imperio romano viviría grandes momentos. Seguramente los que estaban a su servicio no opinaban lo mismo, ya que tenían que convivir con sus enfermedades y sus rarezas, llegó incluso a ensayar diferentes muecas para asustar a su séquito, que temblaba cuando el emperador los miraba fijamente.

Calígula era un hombre poco agraciado y parece ser que eran muchos los complejos que lo atormentaban, quizá para superarlos la emprendía sobre todo con las mujeres, a las que sometía a castigos físicos que él mismo ejecutaba. Algunas de sus decisiones sorprendían y mucho a los que lo rodeaban; por ejemplo, al acceder al trono mandó sacrificar ciento sesenta mil animales como muestra de agradecimiento a los dioses. Sus excesos pronto comenzaron a pasar factura y al año de su mandato ya se había gastado la fortuna que había heredado de Tiberio. Obviamente salió de la difícil situación a base de impuestos a los más desfavorecidos.

Sus enfermedades mentales lo sumían en ataques epilépticos y eran muchas las noches que pasaba sin poder dormir lo que aumentaba su locura y sus obsesiones. Una de ellas era su hermana Julia Drusila a la que de adolescente poseyó en la casa que vivían y que a partir de ese momento disfrutaría, estuviera casada o no. A su muerte Calígula ordenó luto general y castigó severamente a aquel que se riera, se bañara o hubiera comido con su familia de forma distendida. Y aunque Drusila fue su preferida el emperador también se acostó con sus otras hermanas y con toda aquella mujer que le apeteciese. En las innumerables orgías a las que acudía solía levantar el vestido de todas las mujeres que acudían y poseía a la que le apeteciese en ese momento, estuviera o no disponible.

La locura de Calígula fue en aumento y con ella su crueldad. Llevaba una lista que revisaba de manera personal en la que anotaba a todos los que ejecutaría ese mismo día, y el número crecía exageradamente: llegó un momento en que se ejecutaba a los condenados por motivos inverosímiles; por ejemplo, Aletto, un poeta de la época, fue quemado vivo porque según el emperador unos versos que le había compuesto para su gloria no tenían la retórica suficiente.

Abusó de todas las mujeres, casadas o no, que le apetecían. Mandó traer esculturas de todos los lugares del mundo, a algunas les arrancaba la cabeza y mandaba poner un busto suyo. Para rematar su desesperación y su locura, pensando que Roma estaba viviendo un periodo demasiado tranquilo y que no pasaría a la posteridad por nada relevante, inventaba batallas con su propio ejército, al que dividía y ordenaba disfrazarse para simular de este ridículo modo que eran atacados por un ejército bárbaro. En alguna ocasión Calígula al frente del ejército romano exterminó a sus propios hombres disfrazados de enemigos solamente para poder reprochar al Senado que mientras él se jugaba la vida en los campos de batalla ellos se dedicaban a la holgazanería.

Fueron innumerables los actos cruentos que llevó a cabo y su muerte a los veintinueve años evitó que fueran muchos más. Calígula tuvo una muerte a la que asistieron muchos de sus enemigos. El primero en asestarle un terrible golpe fue Casio Quereas, el jefe de los pretorianos, que aprovechó un descanso del emperador en sus aposentos para lanzarle un tremendo hachazo en el cuello. El sádico mandatario se revolvió de dolor con una gran herida que sangraba en abundancia pero que no provocó su muerte. Al escuchar sus gritos lastimeros acudieron varias de las personas que tenían deudas pendientes con él, se habla de una treintena, que tras la estocada que le propinó Cornelio Sabino acabaron brutalmente con su vida, la de su esposa Cesonia e incluso con la de su hija, una pequeña que estrellaron contra un muro. Parece ser que el cadáver del emperador fue escondido para evitar que sus enemigos consiguieran expoliar sus restos. Después de un tiempo prudencial sus hermanas pudieron incinerarlo y sepultarlo. Aunque sus cenizas permanecieron en el Mausoleo de Augusto, en el año 410, tras un saqueo, fueron esparcidas y sus restos se perdieron para siempre.

Muerte cruel para uno de los mandatarios más perversos de la Antigua Roma al que incluso el Senado borraría de la lista de los emperadores romanos para que fuera olvidado por la historia.

Nerón

Nerón Claudio César Augusto Germánico (37-68 d.C.) fue emperador de Roma durante catorce años y, aunque tuvo difícil superar en brutalidad a sus antecesores, también pasó a la historia por sus crueldades y por ser el responsable de las decapitaciones de san Pablo y san Pedro, los representantes de la nueva religión surgida para continuar con la palabra de Jesús de Nazaret y por perseguir a todos sus seguidores.

Aunque tuvo una infancia difícil, finalmente su madre Agripina consiguió que el emperador Claudio

lo adoptase y, de esta forma y ayudado por el ejército pretoriano al que había comprado su madre, pudo conseguir el trono del Imperio romano.

Nerón no era un hombre de Estado. Él prefería dedicarse en cuerpo y alma a la cultura y a otras artes como la poesía, el cante o el baile. Asumió gobernar el imperio a los 17 años y al principio no dio muestras de crueldad en sus actos; al revés, parece ser incluso que le apenaba firmar sentencias de muerte. Pero el fallecimiento de su madre y el intento de conspiración de su maestro hicieron que cambiara radicalmente de comportamiento y que comenzara un periodo de auténtica locura (hay que tener en cuenta que Nerón procedía de la dinastía Julia-Claudia, la misma de sus antecesores sanguinarios y enfermos mentales, como Cayo Julio César, Octavio Augusto o Tiberio, por lo que algo llevaba en sus genes).

Al morir su madre, Nerón mandó ejecutar a sus dos maestros, Burro y Séneca, y a un buen número de artistas y literatos. Acabó también con la vida del otro posible sucesor al trono por ser hijo de Claudio, Británico, suministrándole veneno. Para el emperador, libre de muchas de sus ataduras familiares y sociales, comenzó una nueva vida de excesos, juergas, bacanales y actos retorcidos como pedir a su amigo Petronio que se suicidase delante de él. Y así lo hizo, su amigo escritor hizo una fiesta y reunió a todas sus amistades y frente a Nerón y tras la orgía celebrada se abrió las venas frente a él.

El pueblo pudo disfrutar de nuevo de los juegos de gladiadores y las crónicas cuentan que hubo más de dos mil entrenados para pelearse entre ellos o contra las fieras traídas de todos los lugares del mundo. También Nerón y como forma de divertimento obligaba a algunos senadores a que lucharan en la arena contra esclavos o fieras. Fueron más de cuatrocientos los que perdieron la vida por esta manera tan peculiar de pasárselo bien.

Para darnos cuenta de la verdadera locura de Nerón en sus últimos años tendríamos que destacar su encierro voluntario en su mansión del Palatino tras un intento de conspiración por parte de sus enemigos. Allí encerrado se dedicó de lleno a sus excesos, pues se entregó sexualmente a los dos géneros. De hecho, se enamoró de un joven llamado Esporo, una auténtica belleza que mandó castrar y vestir con ropas de mujer para después casarse en público con ¿él?

El final de Nerón, al igual que el de sus antecesores, fue bastante crudo. Tras una revuelta el Senado lo destituyó como emperador pero lo nombró enemigo público. Nerón consiguió escapar de Roma protegido tan sólo por su secretario Epafrodito, decidido a acabar con su propia vida. Primero intentó clavarse un puñal, al fracasar decidió pedir ayuda a su ayudante que (no se sabe si gustosamente) acabó con la vida del emperador.

Cómodo

Lucio Aurelio Cómodo Antonino (161-192 d.C) gobernó el Imperio romano desde el año 177 hasta su muerte al sustituir a su padre Marco Aurelio, con el que en algún momento llegó a compartir mandato.

Nada más subir al trono comenzó a dar muestras de su locura al ordenar que se lo adorase como la encarnación de Hércules y Mitra. También como sus antecesores, asesinó a su hermano, abusó y violó a sus hermanas y lo intentó también con su propia madre.

Cómodo era amante de las batallas y le gustaba pelear con sus gladiadores aunque a éstos los obligaba a saltar a la arena con espadas de madera mientras él iba armado hasta los dientes. Obviamente sus adversarios sucumbían en la desigual pelea que repitió casi un millar de veces. Como tal reencarnación de Hércules portaba en ocasiones la maza del héroe griego con la que asestaba golpes mortales a todo aquel lisiado o mendigo que encontrara tirado por las calles de Roma. A estos desmanes habría que sumar que Cómodo ofrecía a diario sacrificios humanos a la diosa Isis.

También como sus antecesores humilló a muchos de los senadores a los que pronto tuvo en contra. No faltarían tampoco los escándalos públicos gracias a las orgías que organizaba y de las que dejaba constancia escrita a través de las «Actas de Roma», realizadas por sus escribas con el objetivo de ensalzar todos sus actos. Gracias a estos documentos también hemos conocido su atracción por lo escatológico, pues llegó a mezclar en algún banquete ofrecido a sus amigos y familiares ricos manjares con excrementos y hasta sangre menstrual que los asistentes estaban obligados a ingerir sin mostrar repugnancia.

Tampoco la muerte de Cómodo fue muy agradable que digamos, también acabó siendo víctima de una conspiración encabezada por la concubina del emperador, Marcia, que intentó acabar con su vida con un veneno que no resultaría suficiente para terminar con el mandatario romano, por eso el resto de conspiradores participaron en el asesinato, principalmente y para mayor humillación del emperador, Narciso, un esclavo amante de su concubina que lo asfixió con su propio colchón.

Los restos del cruel emperador fueron arrojados a la fosa común *(spolarium)*, donde se enterraban los cuerpos destrozados de los gladiadores caídos en el circo.

ATILA, EL AZOTE DE DIOS

Con ese terrible sobrenombre es como se conoce al último caudillo de los hunos. Atila (aproximadamente 403-453) fue uno de los peores enemigos del Imperio romano, pues unificó todas las tribus bárbaras con el objetivo de doblegar a sus enemigos del otro lado del Danubio.

De la época de Atila no existen muchos testimonios escritos por lo que los historiadores creen que muchas de las historias que conocemos son leyendas inventadas para desprestigiarlo, como la que en su momento escribió de él un historiador griego llamado Priscus: «Fue un hombre que nació para sacudir las razas del mundo, un terror para todas las tierras que de una forma u otra atemorizó a todos por las noticias terribles propagadas sobre él. Era altanero en su corte, orgulloso, lanzaba miradas a todos lados para que su poder fuese evidente, incluso en los movimientos de su cuerpo. Amante de la guerra, era reservado en sus acciones, dado a recibir consejos, amable con sus súbditos y generoso con aquellos a quienes había otorgado su confianza. Era bajo de estatura, con un pecho ancho, cabeza masiva y ojos pequeños, tenía poca barba, su nariz era chata y su tez morena, mostrando así los signos de su raza».

Lo cierto es que los romanos lo temían porque consiguió que sus hombres fueran invencibles en la batalla y que a su paso arrasaran todo lo que encontraban, de ahí las frases «Bajo los cascos de su caballo nunca más crece la hierba» y «No hay más sangre derramada que por la espada del rey Atila». Los enemigos no consideraban a los hunos «humanos», más bien eran para ellos la reencarnación del demonio. Se decía que no cocinaban la carne y que prácticamente vivían sobre sus caballos. No tenían casas, no utilizaban ropa limpia, apenas se aseaban y eran aterradores. Llegaban al campo de batalla cabalgando a toda velocidad pegados a sus bestias y portando arcos y flechas que utilizaban con total maestría por lo que causaban el terror de sus adversarios rápidamente.

Su fama de crueles fue su mejor tarjeta de visita y los romanos no dejaban de negociar con el rey de los hunos, cambiando la paz por oro y riquezas. Roma se convirtió en el mejor suministrador de bienes para Atila, que con sus hombres llegó a las puertas de Roma. El propio papa León I tuvo que negociar con el bárbaro la paz a cambio de carromatos repletos de riquezas, pero en el camino habían muerto miles y miles de hombres de los dos bandos.

Finalmente, cuando sus riquezas y su poder eran incuestionables, regresó a su tierra y comenzó a preparar una fastuosa boda con una hermosa joven germánica de la que se había encaprichado.

Atila se casó con la bella joven cuando ya tenía 50 años y lo celebró con un gran banquete, plagado de invitados, donde la comida y la bebida se sirvieron en grandes cantidades durante toda la noche. Misteriosamente, el rey de los hunos apareció muerto en su cama al día siguiente. Algunos relatos aseguran que después de comer y beber sin mesura tuvo una hemorragia nasal y que se ahogó en su propia sangre. Otros, en cambio, hablan de envenenamiento por parte de su joven esposa para vengarse del asesinato de su familia a manos de los bárbaros. Lo cierto es que a su muerte su ejército quedó consternado y como pensaban que el más grande guerrero de todos los tiempos no debía ser ofrendado con lágrimas de mujer sino con sangre de guerreros se cortaron el pelo y se hirieron entre ellos con las espadas. Era su forma de adorar al más valeroso y cruel bárbaro que ha dado la historia.

CASTIGOS EN EL IMPERIO BIZANTINO

Los emperadores del periodo bizantino han pasado a la historia por la crueldad de los castigos que imponían. Según las leyes imperantes en ese momento, si alguien intentaba atentar contra el emperador atentaba de manera directa contra Dios y se le aplicaba un tremendo castigo para conseguir que reconociera su culpabilidad y sus posibles cómplices.

Las torturas o las ejecuciones se infligían en el hipódromo (lo más parecido al circo romano) y cada emperador utilizó su método preferido. Por ejemplo, Miguel III, apodado *El Beodo*, que gobernó desde el año 842 hasta su muerte en el año 867, mutilaba a los torturados y más tarde los quemaba públicamente con azufre para que el resto de su vida lo pasaran mendigando con el cuerpo marcado. Basilio I el Macedonio (867-886) era partidario de dejar a los castigados mancos y tuertos y León VI, a pesar de ser llamado El Sabio (886-912), prefería empalarlos o quemarlos dependiendo de cómo se encontrara de ánimo ese día, eso sí, casi siempre la familia y los hijos del condenado iban incluidos en la penitencia.

GILLES DE RAIS, EL ARISTÓCRATA ASESINO

En realidad se llamaba Gilles de Montmorency-Laval (1404-1440) y ocupa un lugar importante en la historia, aparte de por su brutalidad y por ser uno de los personajes más crueles, por haber luchado junto a Juana de Arco en la guerra de los Cien Años.

Cometió su primer asesinato a los 15 años después de proponer un duelo a machete a uno de sus mejores amigos, Antoin. La pelea se le escapó de las manos y terminó asestando un machetazo en el cuello a su compañero. Lejos de ayudarlo comenzó a observar cómo su amigo se desangraba disfrutando con lo que veía. Gilles no fue condenado por aquel hecho. Gracias a su posición social pudieron esconder el altercado como un accidente entre niños, de este modo consiguieron que el suceso no alcanzara relevancia.

Gilles continuó creciendo mientras leía todo lo escrito sobre los emperadores romanos. Disfrutaba con las macabras historias de aquellos malvados personajes a los que se les permitía poder manipular a su antojo todo lo que les apeteciera y sin que sus actos pudieran ser juzgados. Su mente calenturienta disfrutaba cuando leía sobre las orgías y las bacanales que realizaban personajes como Nerón o Calígula.

Supo canalizar aquella agresividad que manifestaba a través del ejército. Su abuelo lo ayudó para que sirviera a las órdenes de Juan V (el duque de Bretaña) y allí destacó como un soldado con una valentía admirable. Parecía como si se transformase en el campo de batalla, donde peleaba como poseído por el mismo demonio, repartiendo sablazos a diestro y siniestro y aumentando a velocidades increíbles la lista de enemigos que caían descuartizados bajo su espada.

Tras su merecida fama de gran batallador pasó a combatir contra los ingleses defendiendo a Carlos VII y sumando cadáveres a su larga lista. Finalmente en 1429 conoció a Juana de Arco, de la que quedaría prendado, no se sabe muy bien si por las revelaciones divinas que recibía o por su belleza, el caso es que se convirtió en su escolta protegiéndola en cada batalla. Fueron tantos los éxitos militares que consiguió que con 25 años ya fue proclamado mariscal de Francia, lo que le aportó una gran fortuna y estatus social.

Todo esto se derrumbó cuando capturaron a Juana de Arco y tras condenarla a muerte la quemaron en la hoguera. Su frustración aumentó porque se quedó a tan sólo veinticinco kilómetros del lugar donde se celebraba la ejecución. Gilles había conseguido reclutar a un grupo numeroso de mercenarios y acudía a salvar a su heroína. Tras la muerte de Juana, Gilles se quedó sin líder a quien seguir y comenzaron a aflorar sus instintos más siniestros.

Despojaron al joven mariscal de su título y humillado se retiró a sus posesiones en la Bretaña francesa. La muerte de Juana supuso una gran pérdida para Gilles, a la que tuvo que sumar la de su admirado abuelo. Estas dos defunciones tan recientes y la apatía de no encontrarse en el campo de batalla provocaron que se agravara su locura y que se dedicara, al igual que los protagonistas de los libros que tanto había admirado, a las fiestas, a los banquetes y al derroche. Su larga barba negra con tintes azulados fue suficiente para que se creara el mito del famoso Barba Azul.

En toda la comarca comenzaron a hacerse famosos los festejos que organizaba y que casi siempre se convertían en espectáculos bochornosos que rozaban la locura: contrataba voces especializadas en gregoriano a los que obligaba a cantar sin interrupción hasta que emocionado entraba en éxtasis. Compraba órganos, contrató monjes, soldados, actores, construyó autómatas... Realizó obras de teatro en las que hacía participar a centenares de actores ataviados con los mejores vestuarios y amparados por los más lujosos decorados... Dilapidó toda la fortuna que había conseguido a lo largo de los años en poco tiempo. La ruina finalmente llegó hasta sus arcas. Desesperado por encontrar alguna solución fácil para conseguir dinero, buceó en el esoterismo y concretamente en la alquimia. Estaba obsesionado por que algún día conseguiría descubrir la piedra filosofal, la manera más fácil de crear el oro suficiente para sanear sus cuentas. En torno a él comenzaron a ser frecuentes numerosas brujas, hechiceros, alquimistas, nigromantes... que se aprovechaban de lo poco que tenía y que lo obsesionaban con la idea de que el demonio lo rondaba y que la única solución para complacerlo era realizar sacrificios con sangre de niños. Gilles no puso mucha resistencia a que se realizaran estas macabras ofrendas; es más, su sed de violencia lo llevaba a disfrutar con cada asesinato de un pequeño.

Pronto sus servidores comenzaron a deambular por pueblos y comarcas enteras secuestrando niños para el sangriento mariscal. En pocos años se contabilizaron más de mil niños desaparecidos en la zona. Su locura comenzaba al caer la noche. Al escaparse los últimos rayos de sol se transformaba y comenzaba a torturar y a vejar a los pequeños, luego los violaba y los asesinaba de la forma más salvaje. A algunos les arrancaba de un bocado la yugular, a otros los abría en canal y los violaba con sus vísceras al aire. Disfrutaba especialmente viendo la sangre de los pequeños manar a borbotones, a veces arrancaba las pequeñas cabezas de los niños y tras ensartarlas en picas las exhibía para elegir el rostro más bello. Al amanecer deambulaba como poseído por los alrededores de su castillo arrepentido de las sangrientas barbaridades cometidas que se volverían a repetir al caer la noche. Estas atrocidades continuaron durante ocho años.

Finalmente Gilles de Rais fue detenido tras una investigación abierta por el obispo de Nantes intentando descubrir el motivo de tantas desapariciones de pequeños. Un guardia detuvo al mariscal y a sus secuaces, los encerraron y comenzaron a juzgarlos (de lo que existe una completa documentación). En los juicios Gilles de Rais dio una vez muestra de su locura al insultar a todos los presentes y mofarse de sus preguntas. Aunque un día, avergonzado, comenzó a declarar y a explicar todos los crímenes que había cometido ante la perplejidad del tribunal y del público presente que no salían de su asombro. Relató los cientos de violaciones, las torturas, cómo colgaba a los pequeños de ganchos o incluso cómo se bebía su sangre. Aseguró que disfrutaba de sus actos y que había escrito un libro demoniaco utilizando como tinta la sangre de los niños. Fue tanto el horror que provocaban sus palabras que un clérigo avergonzado tapó el crucifijo que portaba.

El tribunal lo condenó por asesinato, sodomía y herejía. Su muerte se produjo el 26 de octubre de 1440. Gilles de Rais fue decapitado junto a dos de sus secuaces sin haber aceptado la gracia real que se le había concedido. Sus restos fueron enterrados en la iglesia de las carmelitas de Nantes.

Tomás de Torquemada (1420-1498) fue un dominico español que llegó a ser el confesor de la reina Isabel la Católica y primer inquisidor general de España. Por sus manos pasaron miles de supuestos herejes a los que se torturaba y ejecutaba por estar fuera de la religión católica. Bastaba una denuncia anónima para que cualquier ciudadano sospechoso de no profesar la religión católica acabara torturado y quemado en la hoguera. Cualquiera podía ser juzgado por la Inquisición. El único requisito era que las niñas superaran los 12 años y los niños, los 14. Las cifras de asesinados y torturados por la Inquisición alcanzan cotas espectaculares. Podríamos estar hablando de más de diez mil personas ejecutadas y treinta mil torturadas a las que se aplicaron castigos severos y humillantes. ¿Cuáles eran los delitos perseguidos? Los inquisidores trataban de combatir principalmente la herejía pero también se empeñaron en perseguir la brujería, la bigamia y la usura.

Vlad Tepes, el famoso «Empalador»

Algo terrorífico tendría este personaje para que el escritor irlandés Bram Stoker lo tomara como inspiración para crear al temible Drácula que todos conocemos y tememos.

Vlad III (1431-1476) fue un príncipe de Valaquia, temido por sus enemigos pero respetado y admirado por su pueblo. Fue famoso gracias a una macabra forma de liquidar a sus enemigos: empalándolos. Esta técnica de tortura y ejecución consistía en introducir un palo (de unos tres metros de altura) por el abdomen del adversario (habitualmente se lo clavaban sin punta para provocar el mayor sufrimiento a la víctima). Una vez atravesado se fijaba a la carne con un clavo y se levantaba para que el herido se retorciera entre terribles dolores y fuera muriendo lentamente, se cuenta que fueron más de cien mil enemigos los que fueron ejecutados por Vlad Tepes y sus hombres. Los ejecutados de esta forma tan cruel podían ser también delincuentes, traidores o conspiradores a cuyos familiares también se castigaba, bebés incluidos.

Para que la ceremonia resultara más terrible aún solía empalar a sus víctimas alineándolas con formas geométricas, sobre todo anillos concéntricos, que «dibujaba» a base de empalados. Solía colocarlos frente a las ciudades que pretendía invadir dejando que se pudrieran durante semanas ante la desesperación y el terror de las personas que allí vivían.

Existen escritos que narran que para celebrar el día de San Bartolomé, en 1459, el príncipe de Valaquia empaló a un gran número de enemigos que se habían rebelado y justo después organizó un gran festín dentro de este terrible bosque humano que se movía y del que salían gritos y aullidos de dolor (las crónicas aseguran que empaló a más de veinte mil víctimas). Para que la fiesta no decayera y mientras comían exquisitos manjares un verdugo fue descuartizando lentamente a todos los jefes de la rebelión y a sus familias. La macabra celebración se alargó en el tiempo. Al caer la noche decidió quemar la ciudad ante los agonizantes ojos de sus enemigos para iluminar el tétrico escenario y de este modo poder continuar con las matanzas previstas. Después de la carnicería realizada mandó una misiva a su enemigo Matías Corvino, al que le informó en una carta del número de bajas y le adjuntaba dos grandes sacos con narices, orejas y cabezas de los muertos. Todos los habitantes de aquella zona huyeron despavoridos ante la idea de que Vlad III conquistara sus territorios.

Todas estas barbaries relatadas nos pueden dar a entender que nos encontramos frente a uno de los personajes más siniestros y terribles de la historia. Pero si aún no hubiera sido suficiente baste relatar cómo se las gastaba con sus adversarios: arrojó a su rival, el general Hamza Beg, al que derrotó después de que le intentara realizar una emboscada, aún vivo en medio del campo después de haberle cortado las manos y los pies para que sufriera una muerte lenta y agónica.

Para librar a su pueblo de pillajes y asesinatos organizó un festín en una mansión cercana a la ciudad, e invitó a ladrones, mendigos, tullidos, leprosos, pordioseros y todo aquel que resultara molesto. Las carnes y el vino fueron servidos sin límite hasta que todos estuvieron satisfechos (las crónicas cuentan que al banquete asistieron cientos de personas). Una vez terminados los festejos, Vlad ordenó a su guardia que cerraran todas las puertas y quemaron el edificio con todos los invitados dentro. Un peculiar y cruel método de eliminar las molestias a sus ciudadanos. Tampoco los gitanos eran de su agrado. Cierto día decidió reunir a todos los que se encontraban en su jurisdicción y una vez agrupados detuvo a los tres gitanos que más autoridad tenían. Los asó en una parrilla y se los dio a comer al resto de sus compatriotas. La única opción que existía para evitar el macabro festín era alistarse en la guerra frente al enemigo turco. Como era de esperar, la mayoría optó por esta posibilidad y murió en la batalla junto a sus ejércitos.

Y aunque la manera de torturar que más utilizó fue el empalamiento también desarrolló otras técnicas para sembrar el terror, como extraer a sus víctimas los ojos con ganchos, castrarlos, que-

marlos lentamente sobre una parrilla en la hoguera, arrojarlos a fieras salvajes para que fueran despedazados, amputar miembros como orejas y narices, desencajar las mandíbulas y a las mujeres arrancarles y destruirles poco a poco el pecho y los genitales.

Vlad Tepes murió en el campo de batalla peleando contra los turcos. Su rival Basarab Laiota le organizó una emboscada en la que murió junto a la mayoría de su guardia personal. Para que hubiera pruebas de su muerte le arrancaron la cara y la cabellera del cráneo y así pudieron mostrarlo como trofeo en Estambul.

Vlad III fue enterrado en el monasterio de Snagov. Junto al altar se encuentra una tumba con su nombre aunque allí sólo aparecieron huesos de animales. La leyenda cuenta que fueron los propios monjes griegos los que sacaron los restos del empalador por considerar que un personaje tan despiadado no podía ocupar aquel lugar sagrado y trasladaron sus huesos a una tumba a la entrada del monasterio. Posteriores riadas arrastraron su sepulcro hasta el lago, donde desapareció, y aunque unos arqueólogos encontraron sus restos en 1932 se ¿perdieron? con posterioridad y hoy en día se desconoce su paradero.

Iván «el Terrible»

Iván IV Vasílievich (1530-1584) ha pasado a la historia como Iván *el Terrible*. Este zar ruso ha sido considerado como uno de los creadores del Estado ruso, también conquistó Liberia y realizó reformas muy importantes para su nación.

Es posible que el apodo se fuera forjando desde su infancia, pues su padre murió cuando tenía 3 años, a su madre la envenenaron cinco años después los clanes boyardos que a partir de ese momento lo recluyeron, lo humillaron y le hicieron vivir casi como un mendigo. Todo esto unido a que sufría trastornos mentales y a que se convirtió en un joven fornido y musculoso desembocó en una gran agresividad, en primer lugar hacia los animales a los que torturaba y después arrojaba desde la torre de su castillo. Más tarde comenzaría a hacerlo con humanos.

Cometió su primer asesinato con 13 años cuando sus adeptos capturaron al príncipe Andrey Shúisky y lo empujaron a una jauría de perros para que lo despedazaran. Este asesinato sería sólo el primero de una terrible lista. Sus brotes de ira únicamente fueron calmados durante un tiempo por la que sería su esposa, Anastasia Románovna, que le dio tres hijos y a la que terminarían asesinando de nuevo los clanes boyardos (según se ha demostrado con modernas investigaciones que se han realizado a sus restos).

A partir de la muerte de Anastasia Iván se refugió en la religión y se convirtió en un integrista que deseaba colmar sus ansias de venganza. Se volvió cruel y sanguinario y aniquiló a miles de boyardos y a miembros del clero, a los que culpaba de todos sus males. Su psicopatía fue en aumento y en sus últimos años parece ser (aunque hay algunos historiadores que sostienen que es más una leyenda que un hecho real) que violó a más de mil vírgenes y que asesinó con posterioridad a los hijos nacidos de aquellos abusos. El 16 de noviembre de 1580 y en un arrebato de ira golpeó repetidamente con su bastón a su hijo mayor hasta que acabó con su vida, un hecho que lo marcaría y le remordería el resto de sus días.

Su locura lo llevó a recluirse en una mansión mezcla de castillo y monasterio, rodeado de una numerosa guardia personal, los oprichniki, que lo ayudarían a cumplir sus peores perversiones. Este ejército del zar iba uniformado con siniestros trajes negros con casacas y portaban como curioso símbolo una escoba (para limpiar Rusia) y una cabeza de perro que simbolizaba la vigilancia constante. Trescientos de ellos realizaban también las tareas domésticas y hacían realidad todos sus caprichos. Sus desmanes eran conocidos por sus enemigos, a los que quemaba, azotaba o torturaba a su antojo. Aún se recuerda el castigo que impuso a la población de Novgorod tras una conspiración. Durante cinco semanas los oprichniki, con Iván al frente, se dedicaron a torturar a miles de personas a las que azotaban, empalaban, estrangulaban y llegaban a quemar a fuego lento. Llevado por su locura, el propio zar llegó a violar a la esposa del príncipe Viskavati mientras el hijo de Iván hacía lo mismo con la hija de su enemigo. Cometieron ambos abusos frente al príncipe, que a la vez era despedazado por sus guardias. Sus gritos de dolor excitaban aún más a los dos violadores.

Los últimos días del zar fueron tormentosos. Al parecer fue la sífilis lo que le produjo insomnio, alucinaciones, ataques de terror... Llevado por su locura e intentando alargar su vida mandó traer desde Laponia sesenta brujas a las que ordenaron realizar todos los conjuros conocidos para que el zar consiguiera mejorar de su enfermedad. Finalmente murió de un ataque de apoplejía cuando se disponía a jugar una partida de ajedrez. Sus restos fueron enterrados en la catedral de San Miguel Arcángel.

El otro Iván el Terrible era nazi y se llamaba Ivan Demjanjuk, aunque al nacionalizarse estadounidense se cambió el Ivan por el John. A este angelito nacido en Ucrania se lo acusó de haber participado en la muerte de casi treinta mil personas en el campo de concentración

IVAN THE TERRIBLE.

polaco de Sobibor entre marzo y septiembre de 1943. Aunque regresó a Estados Unidos después de la Segunda Guerra Mundial, el Gobierno israelí pidió su deportación y lo consiguió. En 1986 fue condenado a muerte pero tras varias recusaciones y por falta de pruebas suficientes fue puesto en libertad. Aunque regresó a Estados Unidos los tribunales alemanes han vuelto a solicitar la extradición, pues desean juzgarlo por crímenes contra la humanidad.

ELIZABETH BÁTHORY, LA CONDESA SANGRIENTA

Erzsébet Báthory (1560-1614) fue una aristócrata húngara que pasó a la posteridad por su crueldad y por su obsesión por la belleza, que la llevó a asesinar a centenares de jóvenes. No se conoce con exactitud cuánto hay de ficción y cuánto de realidad en su historia y aún hoy en día hay historiadores empeñados en conocer más detalles de esta enigmática mujer. Lo cierto es que recibió una buena educación, algo inusual en la época. Se casó muy joven con el conde Ferenc Nadasdy, un hombre que casi le doblaba la edad y que se pasaba la mayor parte de su tiempo batallando contra los otomanos. Ferenc también disfrutaba torturando a sus enemigos y empalándolos en los campos de batalla. De hecho, se ganó el sobrenombre de *El Caballero Negro de Hungría.*

Hemos conocido las primeras muestras de la crueldad de la condesa gracias a las cartas que enviaba a su marido cuando él se encontraba en el campo de batalla. En ellas se aconsejaban mutuamente sobre la mejor forma de castigar a los criados. A la condesa le agradaba pegar palizas a sus sirvientas, a las que pinchaba con agujas debajo de las uñas o golpeaba con un mazo. Disfrutaba viendo sangrar a las jóvenes que torturaba.

Como en otras ocasiones, un hecho en particular hace que la maldad se multiplique y que sea el detonante de las terribles acciones que se suelen suceder. En el caso de Elizabeth lo provocó la muerte de su esposo cuando ella tenía 44 años y tres hijos a los que educar. Esta muerte tan repentina llevó a la condesa a la desesperación, por lo que expulsó de su castillo a toda la familia de su difunto marido y se dedicó, a partir de ese momento, a ejercer el mal.

Comenzaron a rumorearse historias sobre las prácticas oscuras que realizaba la condesa en su castillo. Se hablaba de brujería y de extraños rituales en los que se utilizaba la sangre de mujeres jóvenes. En los sótanos albergaba una auténtica cámara de tortura en la que no faltaba una «dama de hierro» con terribles pinchos de metal que se clavaban en las víctimas. Ganchos, hierros para usarlos candentes, grilletes, etcétera. Un auténtico arsenal de materiales dispuestos para hacer sufrir a las más jóvenes doncellas.

La condesa estaba obsesionada con su belleza y con mantener la juventud eternamente y de ahí que en su locura comenzara a beber sangre de jóvenes a su servicio. También se bañaba con su sangre caliente e incluso arrancaba, mientras las jóvenes estaban con vida, trozos de su carne sangrienta para frotárselos por el cuerpo. En muchas ocasiones desgarraba los trozos de carne a mordiscos de los mofletes o de los pechos de sus víctimas.

Con el tiempo se la detuvo, al parecer gracias a que una de sus jóvenes víctimas pudo escapar y denunciarla. Una vez encerrada comenzaron a surgir multitud de testimonios (muchos de ellos seguramente inventados) que la implicaban en centenares de desapariciones.

Los juicios comenzaron y con ellos las investigaciones. Al entrar a inspeccionar su castillo en busca de pruebas se llevaron la desagradable sorpresa de encontrar numerosos cadáveres de mujeres jóvenes. Algunas muchachas seguían con vida pero con diversas heridas y cortes producidos por las torturas a las que habían sido sometidas.

Todos los seguidores de la condesa fueron ejecutados (se los decapitó y luego se quemaron sus cadáveres) a excepción de las brujas, a las que se les arrancaron los dedos con tenazas incandescentes por haberlos ensuciado con sangre de cristianos. Como las leyes impedían ejecutar a una noble, se decidió encerrar de por vida a Elizabeth en una mazmorra en la que tan sólo se dejó un pequeño agujero por donde se le pasaba la comida. A los cuatro años de su encierro la condesa Báthory murió y se la enterró en su pueblo (después de que los vecinos se negaran a que la enterraran en la iglesia de Cachtice). A partir de ese momento se prohibió hablar de ella en todo el país.

Ranavalona I, «la Calígula femenina»

Ranavalona fue reina de Madagascar desde 1828 hasta 1861. Recordar su auténtico nombre es una tarea complicada porque realmente se llamaba Rabododoandrianampoinimerina y, aunque su fecha de nacimiento es aproximada, 1782, su muerte sí está documentada. Sucedió el 15 de agosto de 1861. Ya su apodo *la Calígula femenina* da idea del imperio de terror que instauró durante su reinado al suceder a su marido Radaza I, con el que se casó siendo una niña, y a la que algunos han apuntado como la responsable de la muerte del monarca.

Nada más llegar al poder Ranavalona acabó con todos los tratados internacionales que existían y expulsó de la isla a todos los extranjeros. Una de sus mayores obsesiones era no dejar a un solo cristiano con vida en su reino. Persiguió a todos los que profesaran esa religión y los ejecutó sin piedad. El simple hecho de poseer una Biblia podía ser castigado con la muerte. Las crónicas señalan que fueron más de ciento cincuenta mil cristianos los que fueron ejecutados bajo su mandato.

Se la acusó de hacer terribles experimentos con sus víctimas. A algunos se les obligaba a beber diferentes venenos, ésos eran los que tenían más suerte, a otros en cambio les ordenaba nadar en aguas repletas de cocodrilos. Una de sus torturas favoritas era atar a un reo a una cuerda dentro de un pozo y llenarlo con agua hirviendo de forma que su víctima fuera escaldándose poco a poco. En otras ocasiones vestía a los prisioneros con pieles sangrientas de animales y les lanzaba perros de presa para que fueran despedazados o los ataba del cuello y los abandonaba en medio de la selva: los que no se arrancaban el cuello al intentar huir morían de hambre o eran comidos por los animales salvajes. Fue tal su maldad que hasta su propio hijo Radaza II rogó al emperador Napoleón III que invadiera la isla y destituyera a su madre del poder.

Curiosamente es de los pocos malos de la historia que no ha muerto de forma violenta. Ranavalona falleció de forma plácida mientras dormía. Su muerte abrió un periodo de tranquilidad y descanso para su maltratado pueblo.

Herman Webster Mudgett, «el Doctor Tortura»

Apodado Doctor Holmes o Doctor Tortura, fue un apuesto y elegante médico americano, graduado por la Universidad de Míchigan, que cambió el ejercicio de su profesión por un «empleo» al que sacó muchos más beneficios: el asesinato.

Herman nació en 1861 y fue acusado de veintisiete asesinatos y de siete intentos frustrados; se aprovechaba de su aspecto físico (alto, guapo y con aire distinguido) para embaucar a sus víctimas (mujeres adineradas), a las que seducía y después de conseguir su objetivo las hacía desaparecer.

A los 30 años fijó su residencia en un Chicago que se preparaba para la llegada de la Exposición Universal de 1893. Este acontecimiento mundial atraería a la ciudad a miles de visitantes y sobre todo a mujeres ricas y faltas de cariño (sus potenciales víctimas).

Durante mucho tiempo se dedicó en cuerpo y alma a un curioso y escalofriante objetivo: construir un castillo con aspecto de fortaleza que utilizaría como hotel. En un principio nadie podía imaginar que allí ocurriera nada extraño aunque la sorpresa saltó tiempo después tras una investigación que llevó a cabo la compañía aseguradora del inmueble al intentar esclarecer las causas de un pequeño incendio que se había producido en sus instalaciones.

Los operarios de la aseguradora quedaron horrorizados al descubrir que Herman había construido una morada terrorífica preparada para todo tipo de crímenes. El Doctor Tortura había manipulado todas las habitaciones del castillo plagándolas de trampas y de puertas correderas que daban acceso a un entramado de pasillos secretos por los que se trasladaba de una habitación a otra sin levantar sospechas y observando todo lo que ocurría en ellas a través de unas ventanillas disimuladas en las paredes. También, junto a la grifería normal, instaló una muy diferente que trasladaba gas a su antojo y que acababa en pocos minutos con la víctima elegida. Para deshacerse de los cadáveres sin levantar sospechas construyó un montacargas y dos «toboganes» por los que lanzaba los cuerpos hasta una habitación bautizada como el calabozo, donde los sumergía en una cubeta con ácido sulfúrico o en una de cal viva.

Los agentes del seguro que inspeccionaban la terrible vivienda quedaron espantados al descubrir algunas máquinas utilizadas para torturar a sus víctimas. La más curiosa era un autómata que permitía hacer cosquillas en la planta de los pies de los secuestrados y matarlos de risa.

A pesar de ser descubierta su mansión del horror pudo escapar incomprensiblemente de las autoridades y refugiarse en Texas, donde al final fue detenido y acusado de intentar estafar a varias aseguradoras; en los interrogatorios no pudo aguantar más su *carga* y terminó confesando todos sus crímenes. Aunque la policía sólo pudo incriminarlo en veintisiete asesinatos, los expertos calculan que podría haber acabado con la vida de más de doscientas personas.

Holmes fue condenado a muerte por el tribunal de Filadelfia y ahorcado el 7 de mayo de 1896, cuando sólo tenía 35 años.

JOSEF MENGELE, «EL ÁNGEL DE LA MUERTE»

No podíamos terminar el capítulo sin incluir en esta larga lista de nombres el de un médico que pasará a la historia por ser uno de los más crueles seres humanos, un asesino despiadado y enfermo. Un médico psicópata obsesionado con la investigación hasta extremos deleznables. No va a ser fácil escribir las siguientes líneas, pero el esfuerzo merecerá la pena si con ello conseguimos recordar la memoria de todos los que fallecieron en sus asesinas manos.

Josef Mengele, conocido como el Ángel de la Muerte, nació a orillas del Danubio en 1911. Fue el primogénito de una familia adinerada que vivía de la fabricación de máquinas agrícolas. Estudió Medicina y Antropología en las Universidades de Múnich, Viena y Bonn, y desde muy joven comenzó a obsesionarse por la herencia y el estudio de las razas; de hecho, se doctoró en Antropología con una tesis doctoral sobre «Las diferencias raciales en la estructura de la mandíbula inferior».

Su paranoia iba en aumento, al igual que su odio hacia la raza judía. Su creencia en la superioridad de los arios le hizo afiliarse a las juventudes hitlerianas, más tarde al Partido Nazi y con posterioridad a realizar su ingreso como voluntario en las SS, que lo destinó al regimiento de infantería ligera de tropas de montaña, donde a los pocos meses lo alcanzó una bala enemiga en el frente. Una herida en la pierna acabó apartándolo de la primera línea, pero la suerte se alió con él y no con el resto de la humanidad: obtuvo su ascenso a capitán y el destino que marcaría su vida y las de sus más de cuatrocientas mil víctimas: Auschwitz.

En 1943 Mengele fue enviado al campo de concentración de Auschwitz para sustituir a un médico de baja por enfermedad, y destinado al llamado Campo Gitano, una división del terrible campo de concentración alemán; fue en estas instalaciones donde se ganó su apodo de Ángel de la Muerte. Los testigos aseguran que fueron cientos de vagones de tren cargados de prisioneros los que llegaron hasta ese campo de concentración. Mengele en persona se encargaba, en numerosas ocasiones, de acercarse hasta el andén y junto a otros médicos escogía y seleccionaba a los que él considerada más aptos para sus futuras investigaciones —también tenía la potestad para apartar a los que directamente serían enviados a las cámaras de gas—; lo más terrible de toda esta operación es que mientras elegía a sus víctimas iba silbando algunos compases de la música de Puccini, de la que era un gran apasionado, esto da una idea de la catadura moral de este individuo.

Tenía una obsesión especial por los gemelos, a los que utilizaba para sus macabros experimentos (pensaba que, si conseguía que las mujeres arias pudieran engendrar gemelos, la raza blanca se reproduciría a más velocidad que las otras; un plan perfecto para los propósitos nazis de dominación y ocupación de toda Europa). Fueron más de doscientas parejas de gemelos, a los que apartaba y ubicaba en un recinto especial del campo, y les

concedía de forma temporal algún privilegio más que al resto, aunque en el fondo cualquier persona podía ser una buena cobaya para sus pretensiones. En un primer momento diseccionaba a los niños directamente o los mandaba quemar (asesinó a más de cuatrocientos), aunque con posterioridad permitió a las madres embarazadas dar a luz y arrebatarles el bebé que, más tarde, serviría para nuevas investigaciones en otro lugar del campo.

Intentar dar una explicación científica o médica a sus experimentos es imposible, nada de lo que el Ángel de la Muerte investigó tuvo valor científico, más bien sus «trabajos» eran el producto de una mente enferma y retorcida. Por ejemplo, intentó cambiar el color de los ojos de varios niños inyectando en sus tiernas retinas todo tipo de sustancias químicas o pretendió crear siameses de manera artificial uniendo mediante operaciones las venas de varios gemelos (obviamente, las macabras intervenciones terminaban en fracaso y con la muerte o la ejecución del paciente para su posterior disección).

Sus atrocidades llegaban hasta límites insospechados: inyectaba en las venas de los prisioneros todo tipo de sustancias (cloroformo, insecticidas, venenos...) para observar la capacidad de resistencia del cuerpo humano ante los productos que invadían el organismo y que provocaban todo tipo de infecciones y heridas, realizaba disecciones con la víctima consciente y sin anestesia, analizaba el sufrimiento de los seres humanos o exponía a decenas de bebés frente a lámparas de rayos ultravioletas simplemente para anotar el tiempo que podían soportar esa tortura.

Su obsesión por conocer el grado de resistencia de los seres humanos lo llevó también a sumergir a inocentes en aguas heladas y anotar el tiempo que tardaban en morir. Junto a otro terrible médico asesino (Sigmund Rascher) sometió a personas a diversos cambios de presiones extremas hasta que perecían entre tremendas convulsiones provocadas por la excesiva opresión intracraneal.

Josef Mengele intuía el fin de la Alemania nazi y por eso no se extrañó cuando recibió la orden directa de Adolf Hitler de cerrar sus instalaciones. Poco tiempo después abandonó Auschwitz y se trasladó al campo de concentración de Gross-Rosen, pero también fue cerrado y tuvo que huir con una identidad falsa, haciéndose pasar por un soldado de la infantería regular alemana. Fue capturado y hecho prisionero de guerra cerca de Núremberg, pero los aliados lo dejaron al poco tiempo en libertad al desconocer su verdadera identidad.

Josef Mengele se convirtió por méritos propios en uno de los criminales de guerra más buscados del mundo aunque nunca pudo ser juzgado por sus asesinatos. El Ángel de la Muerte escapó bajo una identidad falsa a Sudamérica, donde fue protegido por simpatizantes de la causa nazi y sobrevivió durante más de treinta y cinco años a sus captores; falleció incluso «supuestamente» de muerte accidental.

Tras abandonar Paraguay y Argentina Mengele terminó viviendo en una favela en Brasil con la salud ya deteriorada y sin muchos medios económicos. Al parecer, la familia que lo auspiciaba lo llevó una mañana a la playa y allí murió ahogado de forma accidental en 1979. Se lo enterró con nombre falso (Wolfgang Gerdhard) en el cementerio de Embu, en Brasil, y con la única presencia de su hijo Rolf. Seis años después sus restos fueron exhumados e identificados por un grupo de científicos norteamericanos y brasileños, quienes concluyeron que la persona enterrada era sin duda Josef Mengele. La confirmación definitiva no llegaría hasta 1992 tras unos análisis de ADN del cuerpo allí enterrado.

4

Batallas e historias militares

Determinar el inicio de la carga bélica en nuestra humanidad es relativamente sencillo: ¡desde siempre! Desde que el hombre es hombre se ha dedicado a batallar y a defender su territorio. Al principio de manera rudimentaria: un buen tronco de árbol era suficiente para mantener a raya a las tribus rivales. Más adelante elaborando las primeras lanzas o hachas de piedra y hoy en día... ¡qué decir!

Los ejércitos son los que más presupuesto destinan para desarrollar nuevas tecnologías que puedan ayudar a derrotar al enemigo. Ésta es la razón principal de que existan centenares de anécdotas y curiosidades relacionadas con el mal llamado «arte de la guerra».

LA BATALLA MÁS CORTA DE LA HISTORIA

Todos los generales están deseosos de regresar a casa con el menor número de bajas y a la mayor brevedad posible. La mayoría prepara sus estrategias pensando en una rápida victoria, aunque estoy convencido de que el general Lloyd Mathews, un antiguo teniente de la Marina Real inglesa jamás imaginó que iba a derrotar a su enemigo en tan poco tiempo: ¡treinta y ocho minutos!

La minibatalla se desarrolló el 27 de agosto de 1896 en las costas de la isla de Zanzíbar entre las tropas de Khalid bin Bargash (que se acababa de erigir como sultán de Zanzíbar tras la muerte de su primo al dar un golpe de Estado que desbancó al genuino heredero reconocido por la corona británica) y en el bando contrario, nada más y nada menos, que el Imperio británico, representado para la ocasión por cinco naves de guerra (tres cruceros modernos y dos cargueros) apoyados por algunas compañías de Marines Reales preparadas para el desembarco.

Tras finalizar el ultimátum dado por el Gobierno británico las naves de la Marina Real comenzaron a disparar contra el palacio del recién ascendido sultán. La residencia del mandatario comenzó a derrumbarse y en pocos minutos ya se podían contar numerosas bajas. El sultán, testigo de aquel desastre, huyó precipitadamente a pedir asilo al cercano consulado alemán.

A los treinta y ocho minutos los ingleses finalizaron el bombardeo y la batalla terminó. El balance del enfrentamiento fue cien bajas inglesas frente a unas quinientas del bando contrario (una gran pérdida si pensamos que el ejercito del golpista tan sólo estaba formado por dos mil ochocientos hombres).

¿Y el sultán? Aunque consiguió escapar por mar y refugiarse en Dar es Salaam fue finalmente apresado por los británicos y exiliado a Mombasa (un paraíso cercano a Zanzíbar).

LA MÁS LARGA

¡Como para aburrir al más guerrero! Imagínese... ¡Casi seis años!

La batalla se desarrolló entre 1268 y 1273, cuando el ejército mongol dirigido por Kublai Khan se empeñó en conquistar la ciudad china de Hsiang Yang, y por lo que tardaron en el operativo no debió de resultar nada fácil. La ciudad china estaba situada a orillas del río Han y estaba hábilmente fortificada con trincheras, empalizadas... Todo servía para mantener a raya al enemigo.

Pero tantos años aguzan el ingenio y finalmente Kublai Khan (nieto de Gengis Khan) pidió ayuda a dos ingenieros persas (famosos por los artefactos bélicos que diseñaban) para que se dedicaran a construir máquinas de asalto que fueron decisivas para la conquista de la ansiada ciudad china.

Obviamente el emperador no se conformó con esta conquista y terminó apoderándose de China al completo. Claro, que lo mismo todas estas victorias se las atribuyó por cansino.

Varias batallas se disputan este terrible reconocimiento a lo largo de la historia. Éstas son las más famosas.

La batalla de las Termópilas

Sí, sí, la de los trescientos. Esta cruenta batalla se desarrolló durante tres días dentro de la Segunda Guerra Médica entre los espartanos y algunos aliados griegos contra las tropas del Imperio persa lideradas por Jerjes I.

El enfrentamiento se desarrolló en el desfiladero de las Termópilas. En aquel solitario y agreste paisaje se habían congregado unos siete mil griegos decididos a acabar con el avance persa, algo que parecía imposible si contamos que el ejército de Jerjes estaba compuesto por unos trescientos mil hombres. A pesar de las desigualdades numéricas los valientes espartanos, a los que dirigía el rey Leónidas I, consiguieron bloquear el único camino que podía llevar a los persas hacia la victoria. Jamás sabremos qué habría pasado si un desertor no hubiera traicionado a su pueblo mostrando a los persas un camino alternativo y poco conocido que los llevaría

justo detrás de las líneas griegas. Leónidas, sabiendo que no podría mantener por mucho tiempo sus posiciones, pidió al ejército griego que se retirara y aguantó el envite de los soldados de Jerjes con sus trescientos espartanos, cuatrocientos tebanos y setecientos tespios que fallecieron heroicamente en aquella sangrienta batalla que sería recordada a lo largo de la historia como ejemplo de valentía frente a la adversidad.

La batalla de Towton

Es posiblemente la batalla más sangrienta de la Edad Media y se desarrolló dentro de la llamada guerra de las Dos Rosas (en alusión a los emblemas de ambos rivales: la roja de las tropas de los partidarios de la casa de Lancaster y la blanca de la casa de los York).

Uno de los peores enfrentamientos se llevó a cabo el 29 de marzo de 1461, cuando las tropas de la casa de York hicieron frente a las de Lancaster en Towton (Yorkshire). Los de York aprovecharon que el viento soplaba a su favor para causar cientos de bajas en el enemigo gracias a que sus flechas y sus jabalinas conseguían, empujadas por el aire, un mayor alcance.

Los hombres de Lancaster cargaron contra los de York con la ventaja de realizar el ataque colina abajo. Seis horas duró el enfrentamiento cuerpo a cuerpo y, cuando se pensaba que los soldados de Lancaster terminarían adjudicándose la victoria, aparecieron en el campo de batalla las tropas de refuerzo que esperaban ansiosos los seguidores de York, al mando del duque de Mowbray, que decantaron la balanza hacia el lado de los de York.

Al hacer recuento de las bajas de ambos bandos cundió la desolación, pues más de treinta mil soldados perecieron en el combate, muchos de ellos ahogados tras rodar por la pendiente en la que peleaban y caer directamente en el río Cock con sus pesadas armaduras. Fue sin duda una amarga victoria.

La batalla de Borodino

Se ha catalogado esta batalla como la más sangrienta del periodo napoleónico y, merced a las bajas de los dos bandos, no hay duda de que así fue. Enfrentó a más de doscientos mil soldados rusos y franceses y a dos de los más laureados generales: Napoleón y Mijail Kutuzov.

El combate tuvo lugar el 7 de septiembre de 1812 cerca de la aldea de Borodino, un pueblo al oeste de Mozhaysk (a unos ciento diez kilómetros al oeste de Moscú). Las cifras hablan de unos ciento cincuenta mil soldados del bando ruso frente a los ciento veinte mil franceses; también los rusos superaban en piezas a los franceses (seiscientas piezas frente a las quinientas ochenta francesas).

Ante el asombro general los franceses comenzaron atacando las posiciones rusas de frente con la intención de asestar un gran golpe rápido al enemigo. La estrategia no se consideró entonces la más acertada y se especuló con la posibilidad de que Napoleón estuviera enfermo aquejado de fiebres altas, lo que lo llevaría a tomar aquella decisión tan poco sensata. La consecuencia de aquel ataque fue terrible. El duro enfrentamiento dejó el terreno plagado de cadáveres y heridos y a pesar de que los rusos resistieron los empujes de las tropas napoleónicas terminaron retirándose y dejando «servida en bandeja» la toma de Moscú.

Pero este enfrentamiento fue una victoria amarga para Napoleón. Las bajas de ambos bandos fueron escandalosas. Los franceses perdieron cerca de treinta mil hombres y unos cincuenta generales y las bajas rusas llegaron a los cuarenta y cinco mil hombres.

Ésta fue sin duda una de las más violentas batallas de la historia.

La batalla de Stalingrado

Esta contienda ocupa el macabro puesto de honor en el ranking de batallas sangrientas, al menos a lo que a bajas se refiere. Cerca de tres millones y medio de personas murieron en este enfrentamiento durante la Segunda Guerra Mundial entre el ejército alemán y las fuerzas soviéticas por alzarse con el control de la ciudad de Stalingrado (actualmente Volvogrado).

Esta importante ciudad rusa era objetivo y obsesión de Hitler por tratarse de un paso importante hacia su verdadero destino: los ricos yacimientos petrolíferos del Cáucaso. Stalin estaba convencido de poder resistir el envite alemán y ordenó a la población civil que no abandonara la ciudad; de hecho, situó a las afueras de la ciudad un cordón de infantería con el único objetivo de disparar si alguno de sus soldados retrocedía. Esta orden sería recordada como la de «ni un paso atrás». Pero resistir el ataque de las tropas de Hitler no iba a ser fácil dadas las precarias condiciones del ejercito ruso, baste decir que muchos hombres que habían sido enviados a defender la ciudad ni siquiera poseían fusil propio y permanecían agazapados hasta que algún compañero caía para hacerse con su arma.

El 23 de agosto de 1942 la ciudad de Stalingrado comenzó a recibir el primer bombardeo de la aviación alemana. Más de mil toneladas de bombas desalojaron los pilotos nazis que produjeron la escalofriante cifra de cinco mil muertos civiles ese día y cuarenta mil el resto de la semana.

Las fuerzas terrestres alemanas avanzaron hacia la ciudad pensando que iba a ser un asalto rápido y sencillo pero el alto mando ruso tenía la certeza de que si perdían Stalingrado pronto quedaría el país dividido y con pocas posibilidades de defensa. La ciudad se defendía mientras las tropas alemanas intentaban tomarla prácticamente calle a calle, algo para lo que no estaban preparados. El ejército alemán comenzó a notar la presión de la «guerra de guerrillas» a la que lo sometían sus oponentes. Las bajas alemanas eran cada vez más numerosas debido también a los disparos de los francotiradores imposibles de localizar.

Stalingrado se convirtió en un escenario dantesco con sus calles repletas de cadáveres de ambos bandos que comenzaban a descomponerse. La pestilencia y las enfermedades comenzaron a hacer mella en aquella ciudad fantasma.

Se acercaba el invierno y los alemanes se desesperaban por conseguir el control de la ciudad. Llegó octubre y aunque los invasores habían conquistado más de la mitad de la ciudad sabían que tendrían que pasar allí el crudo invierno y sus hombres ya empezaban a padecer enfermedades como el tifus o la disentería. Para colmo, las temperaturas comenzaron a bajar y las nieves irrumpieron con fuerza, lo que favoreció que el 19 de noviembre y ante la debilidad del enemigo los rusos comenzaran una ofensiva frente a las deterioradas tropas rumanas e italianas que apoyaban a los alemanes en su conquista.

Los rusos consiguieron cercar a sus enemigos, que intentaban soportar las bajas temperaturas sin material, sin suministros y sin la posibilidad de abastecerse. Cada semana que pasaba iban retrocediendo posiciones hasta que la resistencia se hizo casi imposible.

Fue en ese momento de desesperación cuando Hitler ordenó al mariscal jefe de las tropas, Paulus, que se suicidara. Ningún mariscal a sus órdenes se había rendido nunca y prefería antes un mariscal muerto que rendido pero Paulus desobedeció las órdenes de Hitler y se rindió ante sus enemigos el 31 de enero de 1943. El mariscal jefe pretendía con su rendición salvar a los noventa mil soldados y tres mil heridos que aún quedaban bajo su mando (de los doscientos cincuenta mil hombres con los que comenzó la ofensiva). El 2 de febrero se entregaron los pocos soldados alemanes que aún quedaban resistiendo, por lo que se dio por concluida la batalla más sangrienta de la historia.

La batalla del Dnieper

También esta batalla se desarrolló dentro de la Segunda Guerra Mundial y con los mismos contendientes que en la de Stalingrado. Las bajas por ambos bandos también fueron escalofriantes: entre dos y dos millones setecientos mil muertos en una cruenta campaña que duró cerca de cuatro meses y que movilizó a dos millones seiscientos cincuenta mil soldados del lado soviético y a más de un millón doscientos cincuenta mil soldados del lado italo-alemán. En la batalla también se utilizaron miles de tanques y decenas de miles de cañones y piezas de artillería.

El ejército alemán eligió para defender sus posiciones ante los rusos la zona del río Dnieper. Después de varias derrotas importantes, como la de Stalingrado, los soldados nazis pensaban hacerse fuertes en esa franja que abarcaba cientos de kilómetros, pero Stalin tenía claro que quería recuperar aquella zona tan rica en minerales y para ello movilizó a más de casi tres millones de soldados, más de cincuenta mil piezas de artillería y más de dos mil vehículos blindados y la misma cantidad de aviones. Todo un arsenal dispuesto para expulsar de tierra rusa al ejército alemán y a todos sus aliados.

Tras la batalla en el amplio frente al final la ofensiva se centró en liberar la ciudad de Kiev, otra de las llaves para mantener la defensa de Ucrania. Los alemanes confiaban en que los rusos estarían debilitados después de tanto combate pero no fue así. Tras una cruel contienda los rusos consiguieron ir recuperando decenas de pueblos y aldeas y cientos de kilómetros de terreno.

Seguramente en alguna ocasión habrá escuchado la expresión «esto ha sido una bicoca» en referencia a algo que ha costado muy poco esfuerzo o ha resultado muy sencillo. Pues bien, es probable que esta expresión se adoptara tras la batalla de la Bicocca, que enfrentó (dentro de la guerra de los Cuatro Años) a un ejército formado por soldados franceses y venecianos contra las tropas del ejército español de Carlos I comandado por el marqués de Pescara y por Próspero Colonna (un mercenario italiano al servicio de la Corona) y que se desarrolló el 29 de abril de 1522.

La explicación para que esta contienda resultara tan fácil para el ejército español se debe a que las tropas a las órdenes del mariscal Lautrec decidieron marchar hacia la localidad de Monza para dominar la ruta que venía de Suiza. Para llegar hasta aquella localidad tenían que eliminar una posición española que dominaba la zona: el castillo de la Bicocca.

En principio se trataba de una posición difícil de conseguir pero el nerviosismo de los mercenarios suizos (reclutados para ayudar a los franceses en sus conquistas), que no habían recibido su paga, forzaron al mariscal francés a enfrentarse a los españoles que estaban en inferioridad numérica.

El ejército francés avanzó con el apoyo de la infantería suiza sin percatarse de que al acercarse hacia el castillo, bajo el fuego de la artillería española, debían atravesar una pequeña zona en la que el terreno se elevaba, lo que provocó la lentitud de las tropas.

Este detalle fue decisivo para que la infantería suiza no pudiera desplazarse con rapidez y que se convirtieran en un blanco fácil. Tras perder más de tres mil hombres los ejércitos enemigos se retiraron sin apenas haber ofrecido resistencia.

Los analistas utilizan esta batalla como referencia para un cambio de las estrategias bélicas siguientes, donde las armas de fuego serían decisivas. Para los españoles no hay ninguna duda de que esta batalla fue «una bicoca».

Es posible que sea la que se bautizó como batalla de Karánsebes y tuvo lugar dentro de la guerra ruso-turca disputada entre 1787 y 1792.

El 17 de septiembre de 1788 el ejército austriaco, compuesto por unos cien mil hombres, se dirigía hacia la ciudad fronteriza de Karánsebes (lo que hoy en día es Rumanía). Para entender mejor el incidente de aquel día tendríamos que aportar un dato importante: aquel ejército austriaco estaba constituido por multitud de pueblos sometidos (húngaros, eslovacos, checos, croatas, polacos, rumanos, italianos...), por lo que controlar aquellos hombres con diferentes idiomas y a veces incluso con rivalidades étnicas y culturales entre ellos era una labor francamente complicada.

Una vez acampados, los húsares que eran la vanguardia de aquel numeroso ejército cruzaron al otro lado del río para realizar labores de exploración y preparar la llegada sin incidentes del resto del ejército. En el otro lado del río se toparon con una caravana de gitanos que les vendieron aguardiente. Los soldados compraron unos cuantos barriles y comenzaron su fiesta particular. Como era de esperar, al cabo de las pocas horas ya estaban la mayoría de los húsares medio borrachos.

La infantería austriaca, ante la tardanza de los húsares, también decidió cruzar el río y allí se encontró con sus compañeros que, lejos de compartir el aguardiente comprado, decidieron defender a muerte los barriles que quedaban. La infantería y los húsares se enfrascaron en una tremenda disputa que terminó cuando uno de ellos lanzó un disparo al aire. Aquella detonación originaría un enorme caos. Por un lado, los rumanos pensaban que el disparo había sido realizado por un francotirador turco. Por otro, los húsares y la infantería comenzaron a replegarse con rapidez para evitar un lío mayor.

Para colmo de desgracias, en ese momento llegaba otra parte del ejército austriaco que, observando cómo los húsares huían en desbandada, creyeron que estaban siendo atacados por la caballería turca. El oficial al mando de la caballería ordenó cargar sable en mano contra el «supuesto» enemigo y comenzó lo que sería una lucha encarnizada. La caballería austriaca pronto fue auxiliada por la artillería, que, pensando también que peleaban contra los turcos, ordenó la carga a discreción. Los soldados estaban enloquecidos disparando a todo lo que se movía, creyendo que estaban rodeados de enemigos por todos lados.

¿El resultado? Cuando los turcos llegaron a la zona, se encontraron en el suelo los cuerpos sin vida de nueve mil austriacos sin entender muy bien lo que había sucedido. Los historiadores creen que el suceso se ha exagerado con el paso del tiempo y que existe la posibilidad de que esta guerra fuera tan sólo un pequeño, aunque curioso, incidente.

LA CABALLERÍA GANA UNA BATALLA NAVAL

Increíble pero cierto. Este hecho insólito se desarrolló en enero de 1795, cuando holandeses, británicos y austriacos se aliaron con la intención de derrotar a su enemigo francés.

El encargado de tal heroicidad fue el general francés Jean Charles Pichegru (1761-1804), al que se le encomendó la misión de conquistar Holanda para su país. Enfrascado en aquella contienda, recibió informes de que parte de la flota holandesa estaba encallada entre las aguas congeladas de Den Helder. Pichegru envió hasta allí al general de brigada Jean Guillaume de Winter al mando de varias tropas de caballería y de infantería.

Cuando el general De Winter llegó a la zona, comprobó que, efectivamente, habían sido atrapados por el hielo quince navíos holandeses. Mandó varios emisarios a comprobar que el hielo no cedería ante el peso de su tropa y ordenó silenciar los cascos de los caballos. Al regresar sus hombres con la noticia de que el hielo resistiría decidió lanzar el ataque contra los navíos inmovilizados.

Nada pudieron hacer los barcos holandeses para defenderse. Sus naves habían encallado inclinadas en el hielo, por lo que fueron incapaces de utilizar su artillería contra la caballería enemiga.

Las consecuencias no pudieron ser mejores para las tropas francesas, que se apoderaron (sin haberse producido ni una sola baja humana) de catorce navíos armados con ochocientos cincuenta cañones y de varios navíos mercantes. Se adjudicaron a la vez la hazaña de que fuera la única ocasión en que la caballería ganaba a toda una potente flota naval.

Esta curiosa historia tuvo lugar durante la batalla de los Dardanelos o de Gallípoli en marzo de 1915, donde franceses y británicos unieron sus fuerzas para conquistar la capital de la antigua Constantinopla, hoy en día Estambul. Pero no resultó una buena idea. El desembarco fue un fracaso debido a que el ejército otomano resistió el asedio gracias a sus francotiradores, que hicieron un gran número de bajas enemigas. Finalmente la batalla sumó cerca de un millón de bajas en ambos bandos.

Sin embargo, en esta ocasión no nos vamos a fijar en el aspecto militar sino en un hecho curioso que durante algún tiempo mantuvo con esperanzas a las familias de todo un batallón inglés desaparecido.

La acción se desarrolló el 21 de agosto de 1915 en plena guerra entre los aliados y los turcos en la península de Gallípoli. Hasta allí se desplazó el 5º Regimiento de Norfolk con el objetivo de apoyar a las tropas Ansac (compuesto por australianos y neozelandeses) en la toma de la denominada «cota 60».

El Regimiento estaba constituido por unos mil soldados aunque solamente doscientos cincuenta habían conseguido aproximarse hacia las posiciones enemigas. Según relataron algunos testigos presenciales, el fuego era muy intenso en aquel momento. Cuando el batallón avanzó en plena ofensiva, comenzaron a ser rodeados por una espesa niebla que hizo que se perdiera el contacto visual con aquellos valerosos hombres. Muchos de los que observaban en la lejanía el avance quedaron sorprendidos cuando la espesa niebla comenzó a desaparecer de aquella lejana zona del campo de batalla. Cuando la claridad regresó, comprobaron extrañados que no quedaba ningún hombre de aquel intrépido regimiento. Daba la impresión de que se habían difuminado a la vez que la densa niebla.

Terminada la sangrienta contienda, el Gobierno inglés comenzó a investigar el paradero de los fallecidos en aquellos lejanos parajes. Se habló de que habían aparecido algunos cadáveres con la chapa que identificaba al batallón de Norfolk aunque finalmente un documental emitido por la BBC en 1991 titulado *Todos los hombres del Rey* aclaró todo lo sucedido aquel terrible día.

Aquellos valerosos hombres llegaron hasta las líneas enemigas y allí lucharon, cuerpo a cuerpo, contra las numerosas tropas turcas. No quedó ningún integrante de aquel batallón con vida. Los sol dados turcos dispararon y pasaron «a bayoneta» a todos los caídos en aquel enfrentamiento.

Ése fue el final de un batallón y de un enigma al que la historia había bautizado como el Batallón Fantasma.

La guerra del cerdo

Y es que el ser humano necesita muy poquitos motivos para enfrentarse al enemigo y éste puede ser un buen ejemplo. El conflicto sucedió en 1859 en las islas de San Juan (costa noroccidental de Estados Unidos) cuando a un colono americano se le ocurrió disparar a un cerdo que se había adentrado en sus plantaciones de patatas. Curiosamente el cerdo era inglés (con perdón) y este incidente fue el revulsivo para que comenzara un conflicto que pudo tener terribles consecuencias.

Las autoridades británicas exhortaron al colono americano a satisfacer económicamente al dueño del cochino si no quería recibir represalias. Éste a su vez pidió auxilio a sus vecinos y ¿quién acudió en su ayuda? Ni más ni menos que el ejército americano. ¡Eso es solucionar un conflicto!

La guerra del «fútbol»

Aunque parezca surrealista, los enfrentamientos entre aficionados de dos selecciones de fútbol rivales pueden desembocar en una guerra entre los dos países. Eso es lo que ocurrió entre Honduras y El Salvador.

Todo comenzó en la fase de clasificación para el Mundial de fútbol que se iba a celebrar en México en 1970. Las dos selecciones debían enfrentarse en dos partidos. El de ida se disputaría en tierras hondureñas; concretamente, en su capital: Tegucigalpa.

Se sometió a la selección rival a todo tipo de presión: hinchas en la entrada del hotel amenazando a los jugadores de El Salvador, bocinas durante toda la noche, cánticos insultantes... Obviamente los jugadores de la selección de El Salvador no pudieron pegar ojo en toda la noche y eso lo acusaron en el partido del día siguiente, que terminó con la victoria de Honduras sobre El Salvador por un gol a cero y con el suicidio de una joven seguidora del equipo de El Salvador, que no pudo aguantar la tei humillante derrota.

Estaba claro que el partido de vuelta iba a convertirse en una auténtica venganza y así fue. Los seguidores salvadoreños se congregaron a las puertas del hotel donde se alojaban los jugadores de la selección hondureña y sometieron a sus rivales a una presión infernal. Los hinchas envalentonados portaban fotos de la joven fallecida en el partido de ida, a la que habían calificado de heroína. Tal fue la tensión que se vivía en los alrededores del hotel de concentración que los jugadores de la selección de Honduras tuvieron que ser escoltados con blindados del ejército hasta el campo de juego de sus rivales.

El partido fue un auténtico infierno con enfrentamientos entre las dos aficiones. Al finalizar el encuentro, la selección de El Salvador se impuso por tres goles a cero. Esto significaba que tendría que disputarse un tercer partido en un campo neutral. Para el tenso encuentro se escogió el estadio Azteca de México.

El partido crucial congregó a las dos aficiones rivales que fueron controladas y vigiladas por cinco mil policías mexicanos. El resultado final otorgó la victoria a El Salvador gracias a que en la prórroga su jugador Pipo Rodríguez (que obviamente se convirtió en un auténtico héroe en su país) consiguió encajar un gol al portero rival.

El resultado no convenció a la afición hondureña ni a su Gobierno, que decidió expulsar a más de diez mil ciudadanos salvadoreños de su territorio; la mayoría, emigrantes que llevaban años trabajando en ese país vecino.

El Gobierno salvadoreño, en previsión de las consecuencias económicas que podría tener esta medida, respondió de manera desproporcionada al ordenar al ejército que atravesara las fronteras hondureñas mientras la aviación comenzaba a bombardear algunas localidades del país vecino.

Seis días duró esta absurda guerra (del 14 al 20 de julio de 1969), que tuvo que ser detenida por Naciones Unidas, pues sentó a los dos mandatarios enemigos a negociar. El resultado fue desolador: entre cuatro mil y seis mil muertos, más de veinte mil heridos y miles de desplazados. Una guerra ilógica con unos inicios más ridículos todavía: ¡un partido de fútbol!

Este conflicto bélico se desarrolló entre abril de 1838 y marzo del siguiente año y enfrentó a México y Francia unos años después de que el primero consiguiera su independencia. La verdadera razón de la disputa fue la suma de varios desacuerdos entre los dos gobiernos y principalmente porque el mexicano no veía con buenos ojos las ventajas comerciales que los franceses pretendían adquirir en la zona.

Pero estos desacuerdos no fueron los que dieron nombre al conflicto, más bien sería por la queja que un comerciante francés realizó a sus representantes. Al parecer, este empresario (dueño de un restaurante en México) se quejaba de que algunos oficiales del presidente mexicano Santa Anna habían acudido a su local y tras comer varios pasteles se marcharon sin pagar la cuenta. Este abuso y su posterior denuncia fueron lo que curiosamente derivaría en el enfrentamiento entre franceses y mexicanos.

Una batalla... ¡A bolazos!

Y lo más gracioso es que ocurrió entre soldados del mismo ejército. El enfrentamiento sucedió durante la guerra de Secesión, en diciembre de 1862, justo después de que las tropas del confederado general Lee se impusieran en la batalla de Fredericksburg a las del mayor general de la Unión Ambrose Burnside.

Las tropas de Lee se prepararon para pasar el duro invierno en aquella zona de Virginia. La nieve que caía en abundancia complicaba que los soldados pudieran realizar cualquier tipo de actividad física. Aquella ociosidad comenzó a pasar factura y pronto empezaron a surgir las peleas y las discusiones entre los soldados que aburridos no encontraban ningún aliciente en su larga espera.

Para levantar la moral de la tropa al general no se le ocurrió otra cosa que organizar una gran batalla entre sus soldados. ¿La munición elegida? ¡Bolas de nieve!

Lo que en un principio se organizó para desentumecer músculos y crear buen ambiente entre su ejército pronto se convirtió en una auténtica batalla campal entre los dos bandos formados, que dejaron automáticamente a un lado las bolas de nieve para enfrentarse cuerpo a cuerpo y puño a puño. Una buena manera de quitarse la tensión acumulada y de paso zanjar algunas pequeñas discusiones pendientes de los últimos días.

El resultado final fue unas cuantas piernas y brazos rotos, contusiones, magulladuras y los asuntos pendientes solucionados, por lo que se consiguió el objetivo que pretendía el general Lee.

El ejército «del chupete»

Durante la toma de los Santos Lugares y dentro de las denominadas Cruzadas tendríamos que destacar un ejército integrado por unos setenta mil niños procedentes de Francia y de Alemania. Los franceses (unos treinta mil) estaban dirigidos por un joven llamado Stephan. Los alemanes estaban al mando de un niño llamado Nicolás.

La posible razón por la que se permitió que chicos tan jóvenes marcharan hacia Tierra Santa es que existía la creencia de que al tratarse de un ejército de inocentes estarían ayudados por Dios, que se encargaría de protegerlos hasta el final de su viaje.

Los jóvenes franceses tenían pensado llegar hasta el puerto de Marsella y allí embarcarse rumbo a Tierra Santa, pero fueron engañados por los adultos que los acompañaban y embarcados con destino a los puertos de África del Norte, donde fueron vendidos como esclavos. Los alemanes no tuvieron mejor suerte. La inmensa mayoría pereció en el penoso viaje fundamentalmente de hambre y frío y los que sobrevivieron aunque llegaron al destino fueron asesinados antes de llegar a los Santos Lugares.

Aún hoy se piensa que esta historia tiene más de ficción que de realidad aunque en todos los libros de historia se ha reflejado este acontecimiento como «La Cruzada de los niños».

Los soldados más valientes

Han sido recordados a lo largo de la historia como los guerreros más valerosos. Vivían en Esparta, una ciudad convertida prácticamente en un campamento militar. Nada que no tuviera relación con la guerra y la batalla tenía interés en la ciudad griega.

Y no era fácil convertirse en un guerrero espartano. El primer examen se realizaba durante los primeros días de vida. Los bebés nacidos en Esparta eran explorados en profundidad por una comisión de ancianos en el Pórtico. En el caso de que se les encontrara alguna debilidad o malformación se los arrojaba por un abismo en el monte Taigeto.

Los jóvenes espartanos sólo podían disfrutar del hogar familiar hasta los 11 años. A partir de ese momento las autoridades se ocupaban de su educación militar. Pasarían de ser niños a ser hombres moldeándose a base de sufrimientos y penalidades.

Los entrenamientos de los futuros soldados rayaban en el castigo físico. Se los adiestraba en el arte de la caza y la lucha y con una alimentación que hacía que estuvieran constantemente al límite de sus fuerzas. Era famoso un brebaje llamado «sopa negra espartana», preparada con agua, vinagre, sangre de cerdo y carne con un sabor repulsivo y que a veces tampoco llegaba para todos. De ese modo se los obligaba a robar o buscar alimentos por sus propios medios. Eso sí, en el caso de que fueran descubiertos robando, se les imponía un severo castigo. Durante la etapa del entrenamiento debían andar descalzos. Sólo se les proporcionaba una túnica al año y ningún manto con el que protegerse.

Una vez superado el duro y penoso entrenamiento, todavía les quedaba una terrible prueba a la que enfrentarse para aumentar su resistencia durante la batalla, la llamaban Oktonyktia («ocho noches»). Cientos de jóvenes espartanos partían de maniobras durante ocho días cargados con todo su equipo de combate. Los cuatros primeros días solamente recibían media ración de comida, avanzaban durante la noche y por el día descansaban. Los dos días siguientes continuaban su camino a jornada completa, sin tiempo para descansar y sin ingerir ningún alimento sólido y el séptimo y último día se complicaba la marcha al no dejarles ingerir tampoco agua.

Tras superar la instrucción y al cumplir los 20 años ya se los podía considerar auténticos soldados al servicio de Esparta y recibían de sus madres el escudo (llamado hoplón), en el que llevaban grabadas las palabras: «Eetam eepitas» (la frase que decían las madres a sus hijos cuando partían hacia la batalla «Vuelve con el escudo o sobre él»).

Un soldado «envalentonado»

Para triunfar en el campo de batalla es imprescindible «tener medida» y saber cuáles son las limitaciones de cada uno y si no ya me lo dirán al final de la historia.

Ésta sucedió en la batalla de Bremule, que enfrentaba a franceses e ingleses en agosto de 1119. En el fragor del combate un joven y valiente caballero, Robert de Courcy, poseído por una euforia desmedida, se lanzó a perseguir a un grupo de franceses que huían a caballo de la batalla. El aguerrido caballero persiguió al enemigo sin tener en cuenta que ningún compañero lo había acompañado en aquel lance y que se encontraba solo ante el peligro.

Llegó tan lejos el caballero inglés que acabó en una aldea dominada por las tropas francesas para su refugio. Obviamente fue bastante ridículo ver entrar al jinete lanzando gritos a favor del rey Eduardo y más solo que la una. Unos minutos tardaron los soldados franceses en atrapar al caballero inglés, que seguramente aprendió la lección: «jamás hay que dejarse engañar por la euforia del momento».

PROSTITUTAS EN LAS BATALLAS

Los mandos de los ejércitos han tenido claro, desde el principio de los tiempos, que el sexo era la mejor manera de levantar la moral de la tropa. En algunos momentos de la historia, por ejemplo, en las Cruzadas, acompañaron a los soldados en los largos viajes y no había puerto donde atracaran los buques de guerra que no tuviera centenares de prostíbulos donde pudieran acudir los desesperados marinos. Este hecho también ha traído de cabeza a los oficiales, que en muchas ocasiones veían mermadas las fuerzas de sus hombres por culpa de enfermedades venéreas. Era habitual encontrarse con marineros con sarna, herpes, sífilis, gonorrea y, en la actualidad, sida.

En Europa casi siempre hemos ido por libre en esto de la prostitución y no hemos regulado estos servicios especiales. El caso más excepcional podría darse en la Alemania de Hitler, donde los alemanes intentaron regular la prostitución; de hecho, reclutaban prostitutas alemanas que eran transportadas a burdeles cercanos a los acuartelamientos para que los soldados alemanes no se «rebajaran» con mujeres de razas inferiores. Llegaron incluso a prohibir este antiguo oficio fuera de los burdeles.

Claro que hasta en la prostitución había clases. Los oficiales, que tenían prohibido acudir a los mismos lugares que frecuentaba la tropa, organizaban fiestas y actuaciones en hoteles, donde recibían a prostitutas de una clase «superior».

Los que mejor lo tenían organizado eran sin duda los japoneses, que llegaron incluso a establecer oficialmente el precio y los horarios de estos servicios especiales.

LAS «CHICAS DEL CONFORT»

Desde los tiempos de los samuráis han existido en Japón las denominadas «chicas del confort». Eran jóvenes, principalmente de clases bajas, que reclutaba el ejército japonés para «aliviar» a sus tropas. Se engañaba a las familias asegurándoles que sus hijas iban a trabajar en hospitales al cuidado de los soldados heridos y se les llegaba a pagar incluso varios meses de adelanto para que las familias accedieran.

Al llegar al destino las jóvenes comprobaban horrorizadas que su trabajo iba a ser muy distinto. Se las violaba a punta de pistola y se las obligaba a mantener hasta cien relaciones sexuales al día sin cobrar y con unas condiciones higiénicas lamentables. Se ha llegado a estimar que entre el 75 y el 90 por ciento de estas mujeres fallecieron durante la Segunda Guerra Mundial.

SOLDADERAS MEXICANAS

Así se denominó a las prostitutas que acompañaron al ejército de Pancho Villa. Curiosamente muchas de ellas llegaron a ser las esposas de estos soldados mexicanos y alguna incluso llegó a alcanzar la fama.

Es el caso de Dolores Jiménez, a la que apodaron *La Coyotita*. La historia la recordará por dirigirse con «sus chicas» a la guarnición del enemigo que se encontraba en la ciudad de Morelos y entregarse a ellos libremente.

Aquel acto fue celebrado por todo lo alto por los soldados de Morelos, que organizaron una orgía bañada con tequila. Lo que no sospechaban los incautos guerreros es que el ejército de Pancho Villa permanecía oculto esperando a que la fiesta estuviera en pleno apogeo. Cuando el enemigo bajó la guardia, sus hombres se adentraron en la fortaleza y acabaron con todos sus enemigos.

Ésta es una de las más terribles represalias realizadas contra un enemigo. El responsable de esta barbarie fue el rey bizantino Basilio II y la llevó a cabo en 1014 cuando trataba de anexionar a sus dominios las tierras búlgaras del zar Samuel de Bulgaria.

De hecho, el zar y su ejército habían tenido que refugiarse en las montañas tras la brutal exterminación que Basilio II estaba realizando en la zona. Precisamente para culminar su última victoria en el valle del río Struma capturó a quince mil prisioneros búlgaros y ordenó que se les vaciaran a todos ellos los ojos y sólo permitió que de cada cien hombres ciegos se dejara a un tuerto para que pudiera conducir a sus compañeros a casa.

El zar Samuel quedó horrorizado cuando observó regresar de la batalla a su ejército ciego. Temiendo el mismo final para muchos de sus hombres y tras la crueldad manifestada por su enemigo, terminó entregándose. De esta manera tan bárbara conquistó Basilio II Bulgaria, que terminaría anexionada al Imperio bizantino.

Un barco de guerra... ¡circular!

Uno de los diseños más raros que la historia naval militar recuerde se realizó en 1870. El «ingeniero» fue el almirante de la flota rusa Andrey Alexandrovich Popov, que sorprendió a la opinión pública con el diseño de un buque de guerra circular del que se construyeron dos unidades bautizadas como *Contralmirante Popov* y *Almirante Novgorod*.

Los dos barcos tenían el casco circular y portaban cañones pesados de doce pulgadas y en principio estaban diseñados para actuar en zonas costeras. Y digo en principio porque justo el día que los botaron en el río Dnieper para probarlos fueron atrapados por la corriente y comenzaron a girar en círculos sin que la tripulación pudiera hacer nada por evitarlo.

Tras el fracaso inaugural se intentó corregir los defectos de las naves, pero casi fue un trabajo imposible. Los barcos circulares eran lentos y de escasa maniobrabilidad, lo que los hacía muy vulnerables ante el enemigo.

Los dos navíos estuvieron en servicio algunos años pero relegados a tareas de menor importancia y finalmente se destinaron a atracción turística.

No me seas animal…

Son muchos los animales que han colaborado en esto de los «asuntos militares». Algunos de carne y hueso y otros con el esqueleto algo más «prefabricado». Entre estos últimos, uno de los más conocidos es sin duda el famoso caballo de Troya.

Todavía los historiadores no tienen muy claro cuánto hay de leyenda y cuánto de realidad en esta historia aunque existen documentos escritos que hacen referencia a este caballo de madera. Su historia se refleja, por ejemplo, en *La Odisea* de Homero o en *La Eneida* de Virgilio.

Allí nos relatan la conquista de la ciudad de Troya, asediada durante más de diez años por los ejércitos griegos (el objetivo era vengarse del rapto de la bella Elena a manos del hijo del rey de Troya, Paris) y que gracias a una gran astucia pudieron conquistar la ciudad.

Ulises solicitó la ayuda del mejor carpintero de que disponían, Epeo, al que ordenó la construcción de un enorme caballo de madera que dejarían a las puertas de Troya en una «falsa retirada». Un griego que se hizo pasar por desertor, Sinón, aseguró a los troyanos que sus enemigos habían abandonado el impresionante animal de madera como ofrenda a Atenea por el gran valor que habían demostrado.

Tras muchas discusiones y con algo de recelo los troyanos decidieron introducir dentro de la ciudadela el caballo para ofrendárselo a sus dioses, pero, al caer la noche, del enorme animal comenzaron a salir varios de los mejores guerreros griegos que habían

permanecido ocultos dentro de su gran armazón (se habla de entre treinta y cincuenta). Abrieron con sigilo las puertas de la fortaleza para que los ejércitos griegos se abrieran paso y tomaran al fin la famosa ciudad de Troya.

Esta historia relata la fama de un caballo de madera aunque también algunos caballos de carne y hueso se hicieron famosos en los campos de batalla.

Sería imposible, por ejemplo, recordar a Alejandro Magno sin tener en cuenta su caballo *Bucéfalo*, traído desde Tesalia. Era un corcel negro azabache con una mancha blanca en su frente en forma de estrella. Un animal salvaje que sólo permitía que lo montase el gran Alejandro. Hay incluso una leyenda que nos habla de *Bucéfalo* como un animal sanguinario y despiadado que se alimentaba de carne humana y al que Filipo (padre de Alejandro Magno) encerró en una jaula construida con barrotes de hierro. Allí es donde, según la leyenda, el rey macedonio arrojaba a todos aquellos que no cumplieran las leyes de su reino para que fueran devorados por la sangrienta bestia.

Al parecer el joven Alejandro se paseó frente a la jaula del terrible animal, el cual al verlo bajó la cabeza postrándose manso y dócil frente a él. Alejandro, consternado, lo montó y lo liberó de su cautiverio. El fiel caballo lo acompañó hasta la batalla del Hidaspes, donde falleció sirviendo a su amo frente a las tropas del rey indio Poros.

Otro caballo recordado en los campos de batalla es *Babieca*, el famoso corcel de don Rodrigo Díaz de Vivar, *El Cid Campeador*, con el que, según las crónicas de la época, derrotó al enemigo después de muerto. No hay constancia de la raza del poderoso animal pero lo que sí conocemos es que fue un regalo del rey Alfonso VI de León y Castilla al Cid en agradecimiento a los «servicios prestados».

El noble caballo no fue vuelto a montar después de la muerte de su amo y la leyenda afirma que falleció dos años después de aquella batalla y que fue enterrado en el Monasterio de San Pedro de Cardeña (Burgos).

Son millones los caballos que han participado a lo largo de la historia en miles de batallas. Su utilización cambió por completo las estrategias y muchos hicieron grandes a sus jinetes.

Para terminar nuestro repaso por el *top ten* de los caballos históricos recordaremos a otro de los grandes, *Genitor*, el magnífico caballo de Julio César. Un animal que creció en los establos del emperador. Como apunte curioso tendríamos que destacar que el equino tenía una malformación en las patas denominada atavismo (sus pezuñas estaban hinchadas, lo que daba la impresión de que poseía pies humanos). Esta cualidad hizo que los augures (sacerdotes de la Antigua Roma que se dedicaban a la adivinación) profetizaran que su jinete dominaría el mundo. César fue el primero y el único en montarlo. El caballo lo acompañó en grandes y famosas batallas, como la guerra de las Galias o en el paso del río Rubicón. Fue tanta la importancia que tuvo *Genitor* en la vida del César que éste llegó incluso a ordenar la construcción de una estatua a su amado caballo delante del templo de Venus Genetrix.

Pero no sólo de caballos vive el guerrero. También hay otros animales que de «manera voluntaria» han colaborado con los ejércitos (curiosamente en las peores tareas). Es el caso de elefantes, burros, asnos y mulas que la artillería utilizaba para trasladarse y para transportar incluso las piezas de sus cañones.

También han existido otros más curiosos que relatamos a continuación.

Un soldado muy «perro»

Otro sufrido animal utilizado para la guerra ha sido el perro, empleado en numerosas misiones. Los más robustos han sido elegidos, por ejemplo, para el transporte de material bélico. Los militares belgas se aprovecharon de razas como los dogos o los San Bernardo, a los que se adiestraba para tirar de unos pequeños carruajes en los que transportaban pesadas ametralladoras.

Los alemanes y los franceses también los prepararon como correos entre trincheras para enviar mensajes a las primeras líneas del frente aunque para estas misiones no eran del todo efectivos porque la inmensa mayoría se aterrorizaban con los ruidos propios del combate. También fueron usados en los equipos sanitarios para detectar enfermos y llevar los primeros auxilios a los lugares más peligrosos donde el personal sanitario o no se atrevía o no podía llegar.

Los perros «antitanque»

Entrenados durante la Segunda Guerra Mundial por los soldados rusos para combatir la entrada de las tropas alemanas en la batalla de Stalingrado (de junio de 1942 hasta febrero de 1943), estos perros «antitanque» fueron adiestrados para encontrar comida bajo

los carros de combate. La idea era, una vez entrenados, enviarlos en plena batalla con una bomba adosada al cuerpo contra los tanques alemanes.

Este proyecto resultó ser un desastre. En primer lugar porque los perros, al ser adiestrados bajo los carros de combate rusos, buscaban éstos y no los de su enemigo para encontrar la ansiada comida; además hay que añadir que la instrucción de estos perros se realizó con los tanques estacionados y no en movimiento, por lo que el ruido que organizaban estos «pesados artefactos» asustaba a los animales, que huían despavoridos del campo de batalla.

¡A sus órdenes, mi delfín!

Los delfines han destacado dentro del reino animal por su inteligencia y este detalle no se les podía escapar a los analistas bélicos, que pronto vieron en este mamífero un posible colaborador en misiones arriesgadas para el ser humano.

La Marina de Estados Unidos, por ejemplo, lleva trabajando con delfines desde finales de 1950, interesada en que estos inteligentes animales sustituyeran a los buzos tradicionales en las misiones más arriesgadas. Se cree que los americanos han utilizado a cientos de estos mamíferos, entre los que se encuentran, aparte de los delfines, orcas, ballenas e incluso leones marinos. ¿Las misiones encomendadas? De todo tipo: desde localización y transporte de minas a rastreo (durante la guerra de Vietnam en la costa de Cam Ranh o en 1987 en el golfo Pérsico), pasando por misiones más arriesgadas como acoplar explosivos magnéticos en la parte inferior de los barcos enemigos.

¡No me seas gallina!

Resulta curioso saber que también estos animalillos, a los que se creía cobardes (en España no hay nada peor que llamar a alguien gallina), iban a tener un puesto relevante dentro del ejército norteamericano.

La Marina estadounidense pretendió durante la primera guerra del Golfo (en 1991) utilizar estas aves de corral para que les sirvieran de «centinelas» ante un posible ataque producido con elementos químicos y bacteriológicos.

La operación se denominó KFC (¡qué casualidad, las siglas de Kentucky Fried Chicken!) y era algo así como Operación Gallina de Campo Kuwaití. Cuarenta y tres gallinas fueron «reclutadas voluntariamente» para esta operación. La idea era transportarlas en los vehículos militares como «pilotos de alerta» para los soldados. Ver fallecer a las gallinas de forma súbita sería la señal de alarma perfecta de que algo no funcionaba bien. Automáticamente el escuadrón debería de protegerse con las mascarillas antigás.

Las valerosas gallinas no pudieron llevar a cabo su objetivo, ya que murieron todas nada más llegar a Kuwait por razones desconocidas. Cuenta la leyenda que sus lápidas de madera aún se pueden encontrar en suelo kuwaití.

Las famosas mensajeras

Es posible que las palomas sean los animales más laureados dentro y fuera de los campos de batalla. Su utilización se remonta a la Antigüedad y son muchos los testimonios de grandes hazañas que tienen como protagonistas a estas valerosas aves.

La famosa derrota en la batalla de Waterloo de los ejércitos de Napoleón fue conocida, por ejemplo, gracias a unas veloces palomas que transmitieron la noticia hasta territorio inglés. Obviamente aquello les supuso grandes condecoraciones.

Demostraron su valor al atravesar los campos de batalla desafiando las balas enemigas y son millones las misiones que completaron con éxito.

También las palomas fueron utilizadas durante la Primera Guerra Mundial como espías al acoplarles en las pequeñas patas unas microcámaras fotográficas.

Tenemos hasta palomas «desertoras», como la famosa *Kaiser*, que durante un año trabajó para el ejército alemán durante la Primera Guerra Mundial. En 1918 fue capturada durante la batalla de Mosa por el ejército aliado y no tuvo problemas en tomar la nacionalidad americana. Dicen que aprendió incluso a beber Coca-Cola y que tuvo una vida muy tranquila y placentera con sus nuevos protectores.

¿Y en España?

Lamentablemente la Sección Colombófila del Ejército de Tierra fue clausurada en marzo de 2008. Hasta ese momento había cumplido con éxito innumerables misiones dentro del Regimiento de Transmisiones número 22. Los cinco militares que aún quedaban de la extinguida sección soltaron las trescientas aves que formaban la unidad y con un sencillo acto se dio carpetazo a una actividad que comenzó en 1879 en un palomar de Guadalajara. Se trasladó en 1920 a su última sede en El Pardo.

Sería injusto no recordar, por ejemplo, a la paloma número 46.415, que «descansa» disecada en el Museo del Ejército. El valeroso animal sirvió de correo entre doscientos guardia civiles sitiados en el Santuario de la Virgen de la Cabeza y el Gobierno Militar de Córdoba. La heroica paloma fue herida de bala cuando realizaba una misión. Arrastrándose consiguió llegar a su destino y caer fulminada después de haber cumplido la labor encomendada.

Murciélagos bomba

Aunque finalmente estos pequeños voladores no sirvieron al ejército estuvieron en la mente «maquiavélica» de muchos asesores americanos que pensaron utilizarlos como porteadores de pequeñas bombas.

Al parecer, tras el ataque que realizaron los japoneses contra Pearl Harbor, los americanos incubaron un gran sentimiento de venganza contra su oponente asiático. En la mente de muchos militares sólo existía la palabra «venganza» y ésta podría llegar gracias a los murciélagos.

Louis Fieser (inventor del napalm usado para fines militares) pensó atar pequeños artefactos a los cuerpos de estos «bichitos» y lanzarlos sobre alguna ciudad japonesa. Tendríamos que imaginar un millón de murciélagos lanzados desde el aire que, obviamente, buscarían asustados refugio en tejados y huecos de las casas cercanas. Pasados unos cuantos minutos, las bombas se accionarían y saltarían por los aires cientos de viviendas arrasando todo a su alrededor. ¿Macabro verdad? Pues la idea fue aprobada por el presidente Roosevelt aunque afortunadamente después de dos años de pruebas fallidas y algunos millones de dólares perdidos el proyecto se desestimó.

Aportaciones bélicas a la gastronomía

No todo en las batallas iba a ser negativo. Para terminar con un buen sabor de boca (y nunca mejor dicho) deberíamos finalizar resaltando algunas mejoras en nuestra gastronomía debidas a que su principal objetivo era destinarlas para los campos de batalla.

Uno de esos avances es sin ninguna duda las conservas, algo fundamental en una despensa que se precie. Pues bien, deberíamos conocer que el instigador de ese invento fue Napoleón, desesperado por encontrar una forma de conservar los alimentos para avituallar a sus tropas durante los largos periodos bélicos y que llegó a ofrecer doce mil francos al que descubriera algún sistema para que la comida perdurara intacta durante más tiempo.

La importante suma de dinero se la embolsó un maestro confitero, Nicolás Appert, al inventar lo que hoy conocemos como «la lata de conservas». Aunque, como no se inventó a la vez el abrelatas, era desesperante para los soldados abrirlas a base de «bayonetazos», a pedradas o incluso a disparos de fusil.

Otro invento que hoy es «obligado» en una cocina es el microondas, que fue descubierto por casualidad en 1945 por el ingeniero norteamericano, Percy Spencer, que en realidad estaba investigando con un magnetrón que el ejército pretendía utilizar como radar.

Lo más curioso es que mientras investigaba se dio cuenta de que la chocolatina que llevaba en el bolsillo de su bata como tentempié se había derretido. Al averiguar la causa del accidente descubrió los rayos microondas, fundamentales para la cocina moderna.

5

Historias de la Iglesia

Mucho ha cambiado la Iglesia desde los tiempos de san Pedro hasta nuestros días. En tan sólo unas cuantas decenas de años pasaron de estar perseguidos y obligados a vivir en clandestinidad a ser los implacables acosadores de todos los que no tuvieran sus mismas creencias.

Han ostentado el poder absoluto y sus arcas están repletas de tesoros, secretos, joyas. En la actualidad continúan amparados por millones de fieles capaces de perdonar toda su historia pasada.

Y sinceramente no es una tarea fácil, sobre todo si nos fijamos en dos momentos históricos muy relevantes para sus defensores. Por un lado, la época llamada «pornocracia», cuando los títulos papales se compraban por una significativa suma de dinero y donde la ostentación, el lujo, el dispendio y la depravación eran la «moneda de cambio» habitual.

El otro periodo terrible, al menos para el que lo sufrió en sus carnes, fue el de la llamada Santa Inquisición, cuando sólo la acusación interesada de un vecino podía ser suficiente para que un inocente acabara frente a un tribunal, a continuación sobre un potro de tortura y obviamente después de la consiguiente confesión *voluntaria* en el calorcito de la hoguera.

La Iglesia acabó con todos los que pretendieron hacerles sombra, como los Cátaros, los llamados hombres buenos, que fueron exterminados por orden papal, o los Templarios, a los que se persiguió, se excomulgó, se asesinó y a los que confiscaron todos sus bienes.

La Iglesia moderna no ha heredado mucho de aquellos tiempos aunque sus Papas siguen vistiendo las mejores galas y luciendo las más preciadas joyas. Sus finanzas están saneadas y no se conoce con claridad los negocios en los que invierten su fortuna. Tienen terreno propio en el Vaticano y, eso sí, siguen conservando un poder similar al de hace cientos de años, con su propio ejército y con un nutrido grupo de «espías, confidentes e informantes» dispuestos a lavar la imagen de la institución siempre que sea necesario.

Espero que este capítulo contribuya a que se conozcan esas historias algo olvidadas o ignoradas de la historia de la Iglesia.

ALGUNAS CURIOSIDADES PAPALES

La denominación «Papa», refiriéndose a la máxima autoridad de la Iglesia, se ha utilizado desde la etapa del papa Silicio (384-399).

En total la Iglesia ha sido gobernada por doscientos sesenta y cinco o doscientos sesenta y seis papas, dependiendo de si la fuente cuenta o no a Esteban II.

Juan ha sido el nombre que más veces han adoptado los Papas para dirigir a sus fieles. En total veintidós Papas se bautizaron con ese nombre. Los siguientes serían Gregorio y Benedicto que han sido utilizados en dieciséis ocasiones.

San Pedro ha sido el Papa que más tiempo ha gobernado la Iglesia con treinta y cuatro años seguido por Pío IX con casi treinta y dos años. El Papado más efímero fue el del papa Urbano VII con sólo trece días.

SAN PEDRO, EL PRIMER PAPA ASESINADO

En realidad se llamaba Shimón Barioná (su fecha de nacimiento no se conoce, murió el 29-VI-67). Era un pescador del mar de Galilea y abandonó su casa en Cafarnaum para unirse a los discípulos de Jesús en los primeros momentos de su predicación. Pese a no tener estudios y gracias a su gran personalidad pronto se erigió como el portavoz de los demás discípulos ante Jesucristo.

Pedro fue el primer Papa de la Iglesia ordenado directamente por Jesús que según las escrituras le dijo: «Tú eres Pedro, y sobre esta piedra edificaré mi Iglesia, y el poder de la Muerte no prevalecerá contra ella. Yo te daré las llaves del Reino de los Cielos. Todo lo que ates en la tierra quedará atado en el cielo, y todo lo que desates en la tierra quedará desatado en el cielo» (Mateo 16:18-19).

Nerón ordenó la detención y la ejecución de San Pedro, pues lo condenó a morir crucificado. San Pedro suplicó que lo clavaran boca abajo en la cruz porque no se sentía merecedor de morir de la misma forma que había muerto Jesucristo.

Comprobando los «testículos» papales

No hay una confirmación precisa y muchos aseguran que se trata más bien de una leyenda inventada que ha perdurado desde hace cientos de años hasta nuestros días.

Al parecer, durante algún tiempo existió en el Vaticano un trono con el asiento en forma de herradura. De este modo el futurible Papa se sentaba (obviamente sin ropa interior) y con las partes «más nobles» expuestas al aire. En ese preciso momento alguno de los participantes en el cónclave comprobaba manualmente que el candidato tenía todo en su sitio y a continuación exclamaba «Duos testes habet et bene pendentes», o lo que es lo mismo, «Dos testículos tiene y bien puestos».

Ésta sería la prueba irrefutable de que el próximo Papa no era una mujer y podía gobernar los designios de la madre Iglesia.

San Valentín, el santo de los enamorados

Este santo vivió en el siglo iii aunque hoy en día se sigue discutiendo la veracidad de su existencia. Al parecer, Valentín era un médico romano que se ordenó sacerdote y que, contradiciendo lo estipulado por el emperador Claudio (que prohibía los matrimonios de sus soldados por considerarlos incompatibles con la batalla), se dedicó a casar en secreto a todas aquellas parejas que se lo solicitaban. Como no podía ser de otra manera, estas ceremonias clandestinas llegaron hasta los oídos del emperador, que, encolerizado, ordenó que decapitaran al sacerdote en el año 270.

Las buenas acciones realizadas por Valentín en vida y su sacrificada muerte hicieron de él un mártir al que tiempo después se lo santificaría. La Iglesia católica romana comenzó a celebrar su festividad cada 14 de febrero desde el año 498 hasta 1969, cuando fue oficialmente borrada del calendario eclesiástico.

Otra de las curiosidades que envuelven la vida de este santo es el emplazamiento de sus restos porque son varios los lugares donde aseguran tenerlo enterrado:

— En Almería dicen poseer el esqueleto en su totalidad.

— En Terni (Italia), donde aseguran tener varios huesos y siete centímetros de cráneo.

— En Madrid, donde se conservan dos fémures y una calavera.

— En Turín, Belvedere y en la iglesia de Santa Práxedes en Roma, donde también aseguran tener una buena colección ósea de san Valentín.

El Vaticano, como es normal, ni confirma ni desmiente a ninguno de los lugares que dicen poseer huesos aunque, si juntáramos todos los que existen, podríamos armar tres o cuatro santos.

Los Papas españoles

La historia aún no tiene muy claro cuántos Papas españoles ha tenido la Iglesia, se habla de dos, de tres y hasta de cuatro.

El primero de todos ellos sería Dámaso I, que llevó los designios de la Iglesia desde el año 366 hasta 384. Aunque en realidad nació en Roma, sus padres eran españoles, de ahí que los historiadores siempre lo hayan considerado el primer Papa español.

Después tendríamos a Benedicto XIII, más conocido como el Papa Luna, que nació en Illueca, Zaragoza, en 1328. Comenzó su papado en 1394 y lo finalizó en 1423. Benedicto XIII, que no contaba con el apoyo de parte de la Iglesia gobernante, simultaneó el trono de San Pedro con otros dos Papas: Juan XXII y Gregorio XIII. Finalmente fue defenestrado en el Concilio de Constanza, donde fue condenado como hereje y depuesto junto a los Papas de Aviñón y Roma. En la actualidad su nombre no figura en la lista oficial de Papas.

El siguiente sería Calixto III, cuyo nombre real era Alfonso de Borja. Nació en Canals, Valencia, y gobernó la Iglesia desde 1455 hasta 1458. Sería el segundo Papa español según la lista oficial.

El último, que ocupa el puesto tercero en la lista oficial papal, es Alejandro VI, llamado Rodrigo de Borja y sobrino de Calixto III. Nació en Játiva y fue papa desde 1492 hasta 1503. De este pontífice se conocen muchas historias truculentas, desde que su elección como Papa se debió a los chantajes y los sobornos que realizaba hasta que tuvo varios hijos con diferentes mujeres.

EL ÚLTIMO PAPA MARTIRIZADO

Se trata de Martín I (649-653) y la causa de sus desgracias fue condenar en un concilio a los llamados «monotelistas» (los que creían en que Jesucristo no había tenido voluntad humana, solamente voluntad divina). Martín I no tuvo en cuenta que el emperador de Constantinopla, Constante II, era un fiel seguidor de esa creencia y, como era lógico, en cuanto se enteró de que el Papa había promulgado aquella condena mandó a un ejército para que lo apresaran.

A Martín I lo detuvieron y lo trasladaron hasta Constantinopla como si de un preso se tratara. El viajecito duró catorce meses y durante todo aquel tiempo el Papa fue torturado, vejado y humillado, se le alimentaba lo justo y no se le daba apenas agua. Una vez en su destino, lo expusieron en público para que el pueblo se burlara de él sin prever que fuera a provocar el efecto contrario: la gente quedaba admirada de la entereza con la que Martín I llevaba su sufrimiento.

Finalmente fue juzgado por un tribunal de herejes que no le permitió ni siquiera defenderse. Lo encarcelaron durante tres meses pero gracias a la intercesión del patriarca arzobispo de Constantinopla lo enviaron al destierro, donde fallecería poco después debido a las lamentables condiciones físicas en las que se encontraba.

Martín I fue santificado con posterioridad y se lo honró como el último Papa martirizado.

¡CASTIGAD A LOS BARBUDOS!

Hubo un periodo en la historia en el que tener barba podía conllevar quedarse sin los bienes materiales y ser expulsado de la Iglesia.

El papa León III (795-816) promulgó la nueva disposición, que pretendía de este modo alejarse lo más posible de la estética de los clérigos y los sacerdotes griegos. Con posterioridad también Gregorio VI (1045-1046) promulgó una bula papal que ordenaba el afeitado de todos sus sacerdotes y castigaba al que no cumpliera la norma. Incluso los fieles cumplieron los designios de sus mandatarios y acudían afeitados a la iglesia.

Los mandatarios eclesiásticos recobraron la cordura a partir del siglo XV, cuando esta absurda norma fue abolida e incluso algún Papa se dejaría crecer, tiempo después, una venerable barba.

LA PAPISA JUANA

Esta historia se hizo muy popular a partir del siglo XIII aunque hay que tener en cuenta que los historiadores no han encontrado documentos que la verifiquen. Leyenda o no, es un episodio realmente curioso.

Nos tendríamos que remontar a la Roma del año 857. Justo delante de la basílica de San Pedro avanza una procesión encabezada por el papa Juan VIII. Al pasar por un callejón el Papa tropieza y cae al suelo. Todos los feligreses que se habían congregado para verlo desfilar acuden a socorrerlo, pero, cuando intentan incorporarlo, descubren horrorizados que el presunto Papa es una mujer embarazada a punto de dar a luz.

Los más fanáticos, exaltados ante lo que estaban viendo, la arrastran hasta las afueras de la ciudad y allí la apedrean hasta acabar con su vida.

Al parecer Juana era hija de unos misioneros que vivían en Alemania. Cuando cumplió los 12 años, se enamoró de un joven misionero y decidió seguirlo, haciéndose pasar por hombre y llegando a ingresar en el monasterio del sacerdote al que adoraba. Juana se hizo llamar Juan Anglicus y compartió el amor por Dios con el amor carnal que por las noches le ofrecía su amado.

Según cuenta la leyenda, fueron descubiertos y tuvieron que huir del monasterio. Realizaron un largo viaje que solamente terminaría Juana, pues en algún momento de la travesía debieron decidir que lo mejor era separarse (aunque otra versión apunta a que su amante falleció a consecuencia de unas fiebres).

Juana llegó a Roma aún con los ropajes masculinos y pensó que sería mejor mantener esa indumentaria si quería seguir con vida. Trabajó como maestro y muy pronto comenzó a considerársela y a tomar en cuenta sus opiniones, tanto que se la nombró secretario de la curia y más tarde cardenal. Finalmente llegó a ser propuesta como Papa al morir León IV en 855. Se la eligió por unanimidad y se convirtió en Juan VIII.

Después del parto público se nombró un nuevo Papa, Benedicto III, al que se le adjudicó el comienzo de su mandato en el mismo año que lo hizo Juana (855).

Tiempo después otro Papa decidió bautizarse como Juan VIII, de esta forma quedaba relegada para la historia la única mujer que gobernó la Iglesia. ¿Y el niño? Algunas crónicas aseguran que el pequeño fue recogido por una mujer que se apiadó de él y que lo educó para que dedicara su vida a la Iglesia y pudiera rezar por la salvación de su madre.

UN NOMBRE «CON MAL FARIO»

Sinceramente, si algún día fuera ordenado Papa, acto que no creo probable debido a mi historial pecaminoso, no adoptaría el nombre de Juan, sobre todo porque no ha dado muy buen «resultado» a lo largo de la historia.

Ya hemos conocido cómo murió la papisa Juana, convertida en Juan VIII, pero el siguiente que utilizó ese nombre también tuvo una muerte terrible.

Juan VIII (Papa desde 872 hasta 882) fue asesinado (según una crónica medieval). Para acabar con su vida utilizaron un veneno que no resultó ser muy efectivo. Como tardaba en morir, fue rematado a base de martillazos por su propia familia.

Juan X (914-928) fue nombrado después de un gran número de embrollos que desaprobó con posterioridad. Fue asesinado en la cárcel por no querer participar en algunas tramas deshonestas que se habían organizado.

Juan XI (931-935) fue depuesto y tras ser encerrado pudo seguir con sus labores sacerdotales hasta su muerte.

Juan XII (955-964) fue también depuesto por el rey Otón.

Juan XIV (893-894) fue detenido y murió de hambre en la cárcel del castillo de Sant'Angello, donde fue recluido.

¿Comprenden ahora por qué Juan es un nombre con «mal fario»?

Y llegó a ser una de las mujeres más influyentes de su época. Hablamos de Marozia (¿892?-986), hija de Teodora (hermana de Adalberto de Toscana), una mujer de muy mala reputación y supuestamente amante de su padre, el papa Juan X.

Marozia se convirtió, al igual que su madre, en amante de Papa. En este caso del papa Sergio III, al que convirtió en su muñeco, pues era ella prácticamente la que gobernaba la Iglesia de Roma. Pero las crónicas hablan de una larga lista de Papas a los que también manipuló y cuyos designios tuvo en sus manos, al parecer fueron hasta seis (alguno de ellos asesinados por mandato suyo).

Del papa Sergio III quedó embarazada, pero tuvo que esconder tan «santificada» paternidad y terminó contrayendo matrimonio con un importante noble de la época, Alberico I (duque de Spoleto), que legitimó al hijo que Marozia traía en su vientre y que con el tiempo se convertiría en Juan XI. (De esta forma se convertía en amante y madre de Papa).

Tras la muerte de su marido (asesinado tras intentar derrocar a Juan X) Marozia volvió a casarse, en esta ocasión, con el marqués Guido de Toscaza, con el que tendría una hija que llegaría a contraer matrimonio con Estéfano, el emperador bizantino, convirtiéndose de este modo en suegra de Emperador.

También Marozia sobrevivió a su segundo marido y a continuación se desposó con el hermanastro del fallecido, Hugo de Arlés (rey de Italia), mientras su hijo gobernaba la Iglesia bajo el nombre de Juan XI.

Esta unión no gustó al segundo hijo de Marozia (Alberico II), fruto de su primer matrimonio, que enfurecido llegaría a rebelarse con sus tropas para terminar expulsando de Roma a su madre y a su padrastro.

A ella la encarceló en el castillo de Sant'Angello, pero, a la muerte de Alberico II, fue trasladada a un convento. Al mismo tiempo su nieto (el hijo de Alberico II) se convertiría en Papa con el nombre de Juan XII. En ese convento Marozia moriría ejecutada por orden del emperador Otón III, que consideraba que aquella anciana ya había sufrido suficiente.

Es la única mujer hija, amante, madre y abuela de Papas.

Y esa momia juzgada era la del papa Formoso (aunque se desconoce la fecha de su nacimiento, se sabe que murió el 4 de abril de 896). Formoso fue el Papa número 111 de la Iglesia católica, que gobernó desde 891 hasta 896.

Todo este revuelo se organizó después de que el papa Formoso coronara a Arnulfo de Baviera como emperador del Sacro Imperio en lugar de a Lamberto de Spoleto, que también reclamaba el mismo derecho. Tiempo después Lamberto tomó el control de Roma y se erigió emperador a la vez que apoyaba a Bonifacio VI para suceder al papa Formoso fallecido.

Éste, agradecido, organizó lo que se denominaría el «Concilio cadavérico», sacando de su mortaja a su antecesor y ordenando que fuera juzgado. Los cargos contra el Papa fallecido eran tan peregrinos como, por ejemplo, haber abandonado una diócesis por otra.

El concilio se celebró en la basílica Constantiniana y para tan magna ocasión se vistió a la momia, o más bien a lo que quedaba de ella, con los ornamentos papales y se la acomodó en el trono para que «siguiera atentamente» todo el proceso.

La «mortaja» no se pudo defender y se la consideró culpable de todos los cargos de los que se la acusaba. De inmediato se la despojó de sus vestiduras y sus ornamentos, se le arrancaron (de lo que quedaba de la mano) los tres dedos con los que impartía las bendiciones papales y se la enterró en un lugar secreto pero alejado de los demás pastores de la Iglesia. Tiempo después Teodoro II restituiría a Formoso como Papa y volvería a ser enterrado en la basílica de San Pedro.

Lamentablemente para la momia de Formoso el nombramiento del papa Sergio III vino a romper su tranquilidad. El nuevo Papa volvió a sentar a lo poco que quedaba de Formoso y le realizó un segundo juicio que lo consideró de nuevo, cómo no, culpable.

Los restos del papa Formoso fueron arrojados esta vez al río Tíber para que desaparecieran de la faz de la tierra, pero la suerte ayudaría a la viajera momia, que se quedó atrapada en las redes de un pescador que la protegió escondida y la devolvió a Roma tras la muerte de Sergio III. Desde entonces los restos de Formoso descansan en el Vaticano a la espera, eso sí, de que a algún otro Papa le dé por juzgarlo de nuevo y quién sabe... ¡puede incluso ganar el juicio! ¡Descanse en paz!

Esta costumbre arraigada en todas las iglesias cristianas a partir del siglo ix simboliza el hecho de que san Pedro, según el Evangelio de san Marcos, negara tres veces a Jesús antes del canto del gallo.

Se aprovechó que los campanarios de las iglesias ya estaban coronados con veletas dispuestas para medir la dirección del viento para colocar el gallo. De esta manera, al igual que el gallo en la mañana advierte de un nuevo día, las campanas de las iglesias anuncian a los fieles la congregación para escuchar la palabra de Dios.

La costumbre de juntar las manos al rezar

Aunque la Biblia no da ninguna explicación a esta costumbre, se comenzó a popularizar a partir del siglo ix. Para rezar nuestros antepasados solían alzar los brazos y las manos hacia el cielo. Con el discurrir de los años los brazos se plegaron y las manos se juntaron frente al corazón (el centro de nuestras emociones).

Una de las teorías apunta que juntar las manos es muestra de sumisión y servidumbre. De esta forma se les ataba las manos a los prisioneros que a partir de ese momento mostraban obediencia ante su captor. Juntar las manos para la oración podría significar la sumisión del hombre ante su Creador.

Algunos historiadores señalan que esta costumbre también puede provenir de la época de los romanos, cuando un enemigo podía salvar su vida si se arrodillaba ante su captor con las manos pegadas frente al pecho, símbolo inequívoco de su sometimiento y de que no portaba armas. También en la Edad Media era un gesto que utilizaban los vasallos para rendir pleitesía a sus señores.

Asesinado por un marido engañado

Se trata de Juan XII (955-964), que fue nombrado Papa cuando solamente tenía 17 años. Su pontificado ha sido considerado como uno de los más nefastos de la historia de Roma y estuvo marcado por sus continuos escándalos. Fueron tantos que el propio emperador Otón I entró a Roma con su ejército y expulsó a Juan XII, al que terminarían destituyendo como gobernador de la Iglesia acusado de incesto, perjurio, homicidio y sacrilegio.

Una vez alejado del cargo y mientras paseaba por una calle, fue abordado por un hombre que, cuchillo en mano, le asestó varias puñaladas. El asesino fue detenido y confesó haber matado a Juan XII después de que éste hubiera violado a su joven mujer. León VIII, sucesor de Juan XII, perdonó al marido ultrajado.

UN MONJE, EL «PADRE DE LA MÚSICA»

Guido de Arezzo fue un monje benedictino (992-1050) al que se ha considerado como uno de los creadores de las notas musicales. Hasta ese momento en la música se vivía una total anarquía y las composiciones no seguían un mismo patrón.

Guido creó el pentagrama de cinco líneas horizontales tal y como lo conocemos actualmente y bautizó las siete notas musicales, que eran las primeras sílabas de un poema que dedicó a san Juan Bautista. (Inicialmente la nota Do se bautizó como Ut y la última como Si). Éste era el poema titulado «Ut queant laxis»:

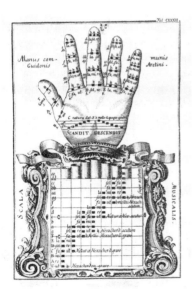

Ut queant laxis
Resonare fibris
Mira gestorum
Famuli tuorum
Solve polluti
Labii reatum
Sancte **I**ohannes

El Papa que jamás existió

Si revisamos la lista de los Papas que han gobernado la Iglesia de Roma, descubriremos un dato curioso: del papa Juan XIX (regente desde 1024 hasta 1032) se pasa directamente al papa Juan XXI (desde 1276 hasta 1277) y no tenemos una explicación clara de lo que haya podido ocurrir.

Una suposición puede ser que una vez elegido dentro del cónclave secreto Juan XX fuera asesinado por sus opositores antes de que fuera nombrado de manera oficial y que acto seguido el siguiente Papa designado adoptara el nombre posterior. Otra puede ser que hubiera protagonizado un suceso tan oscuro que ningún otro Papa habría querido adoptar aquel nombre con posterioridad.

Un Papa elegido tres veces

Benedicto IX es uno de los Papas más singulares de la historia. En primer lugar por ser uno de los que gobernó los designios de la Iglesia más joven (desde los 11 años) y después por haber sido el único al que se ha elegido en tres ocasiones.

Su primer periodo abarca desde 1032 hasta 1044. Llegó al trono de san Pedro gracias a las presiones de su padre, el conde Alberico III, que poseía un gran poder en Roma. Al morir su benefactor, el emperador Conrado II, perdió todos los apoyos con los que contaba y fue expulsado de Roma y en su lugar se nombró al obispo de Sabina.

Tres meses solamente duraría su segundo periodo (IV/V-1045). Tras expulsar por la fuerza al Papa reinante (Silvestre III) volvió a coronarse tan sólo por unos meses porque vendió su abdicación a favor del que sería Gregorio VI. Por dejar el papado recibió mil quinientas libras que pensaba utilizar para casarse.

Regresará a dirigir la Iglesia en una tercera ocasión (XI-1047/VII-1048). Consiguió de nuevo a la fuerza su puesto papal tras atacar Roma, lo que desató una gran pelea entre las familias más poderosas. Tras intentar varios meses acabar con las revueltas fue expulsado de Roma y del Papado y, aunque no cesó en su empeño de volver a apoderarse de su puesto, no lo llegó a conseguir.

Finalmente se hizo monje de San Basilio en la abadía de Grottaferrata. Allí acabaría sus días haciendo penitencia intentando depurar así sus pecados y en ese mismo lugar reposará para siempre.

Ese honor le corresponde a san Francisco de Asís (1181-1226), uno de los santos más populares de la Iglesia y fundador de la Orden Franciscana y de las Hermanas Clarisas junto a santa Clara.

San Francisco fue el primer hombre que recibió en su propio cuerpo los estigmas de Jesucristo. Al parecer le llegaron cuando en las fiestas de la Asunción de 1224 se retiró a rezar a una pequeña celda que se construyó en el monte Alvernia. El día 17 de septiembre recibió los estigmas que procuró ocultar escondiendo las manos en los bolsillos de su hábito y cubriéndose los pies con medias y zapatos que hasta ese momento no había utilizado.

Después se dedicó a predicar las palabras de Jesucristo y a curar enfermos aunque su salud fue empeorando debido a que los estigmas no paraban de sangrar y fueron debilitándolo hasta terminar con su vida.

San Francisco de Asís fue canonizado el 16 de julio de 1228. Sus restos descansan en la basílica de San Francisco en Asís, en la región italiana de Umbría.

MUERTES POCO «ORTODOXAS»

Así podríamos calificar las muertes de los dos Papas a los que nos referiremos a continuación. Primero hablaremos de Lucio II (1144-1145), que murió de una pedrada cuando asaltaba con un pequeño ejército el Capitolio. Los siguientes serían Pablo II (1464-1471), famoso por sus excesos, y Clemente XIV (1769-1774). Ambos murieron de glotonería, uno de los pecados capitales (la gula) que condena la Santa Madre Iglesia.

EL ANIQUILADOR DE LOS CÁTAROS

Inocencio III (1198-1216) ha sido uno de los Papas más sangrientos y déspotas de la historia y ningún otro se ha creído tan importante como él mismo. De hecho, en el sermón que pronunció en su propia coronación Inocencio se refirió de este modo a sí mismo: «Ahora pueden ver quién es el ciervo que es puesto sobre la familia del Señor; verdaderamente es el vicario de Jesucristo, el sucesor de Pedro, el

Cristo del Señor; puesto en el medio entre Dios y el hombre, de este lado Dios, pero más allá del hombre, menos que Dios, pero más que el hombre; quien juzga a todos pero no es juzgado por nadie».

Muchos fueron los inocentes que cayeron bajo su mandato. Inocencio impulsó la Cuarta Cruzada a Tierra Santa en 1202, en la que se saquearon y destruyeron enclaves cristianos como Zara, Hungría o Constantinopla, y también el que obligó por ley a los judíos a vivir en guetos y a usar un símbolo amarillo para que fueran distinguidos (lo que posteriormente utilizarían los nazis durante la Segunda Guerra Mundial).

Pero quizá uno de sus peores errores fue acabar con los Cátaros que en aquel momento significaban la mitad de la población del Languedoc, situada al Sur de Francia. Los Cátaros eran un pueblo pacífico y respetuoso. Se consideraban buenos cristianos y no creían en la pena de muerte pero se oponían a ser dominados por la Iglesia católica y eso para un Papa como Inocencio III, que se creía el dueño del universo, significó una obsesión. Realizó todo tipo de artimañas para juzgarlos, condenarlos y acabar con ellos. La mayoría murieron en la hoguera y durante años se los persiguió hasta que se acabó con todos ellos. En total, más de un millón de «hombres buenos» fueron aniquilados bajo los mandatos de la Iglesia romana.

UN DOMINICO MUY REBELDE

Se llamaba Girolamo Maria Francesco Matteo Savonarola (1452-1498) y será recordado por haber intentado por todos los medios reformar y acabar con la corrupción de la Iglesia y de los Papas de aquel momento, misión imposible si pretendía cambiar, por ejemplo, al papa Borgia.

Savonarola comenzó a predicar en su Florencia natal contra el lujo, la corrupción y los excesos de todo tipo que cometían las altas esferas de la Iglesia. Organizaba lo que se llamaron las «hogueras de las vanidades», donde se invitaba al pueblo a lanzar a la hoguera sus objetos más lujosos, sus cosméticos, sus joyas e incluso los libros que se consideraran irreverentes.

Al principio se conformó con predicar pero, según fue consiguiendo poder dentro de los dominicos, comenzó a ser más intransigente y a prohibir los bailes, las canciones, los instrumentos musicales, los cosméticos e incluso los espejos. Llegó a acusar al Papa de libertino y de incestuoso intentando excomulgarlo pero lo único que consiguió es que el sumo pontífice Alejandro VI lo encarcelara junto a alguno de sus amigos y seguidores y que a golpe de tortura les arrancaran una confesión con todo lo que les quisieron atribuir.

La ejecución se llevó a cabo donde el dominico solía realizar sus «hogueras de las vanidades». Los testimonios de la época aseguran que tardó mucho tiempo en arder en la hoguera y que los verdugos lo sacaron y lo devolvieron a las llamas en varias ocasiones hasta que se convirtió en cenizas. De este modo sus seguidores no pudieron recoger ninguno de sus restos para conservarlo como reliquia.

LA GUARDIA SUIZA

La Guardia suiza es la responsable de proteger el Estado Vaticano y la residencia de verano del Papa, además de ser su guardia personal, acompañarlo en todos sus desplazamientos y encargarse de su seguridad.

Este grupo de soldados fue escogido por su bravura cuando el cardenal Juliano della Rovera (que sería años más tarde nombrado Papa con el nombre de Julio II, 1503-1513) se fijó en ellos durante su obispado en la ciudad suiza de Lausana y los recomendó al entonces Papa reinante Sixto IV.

No todo el que lo desee puede pertenecer a este cuerpo de élite, los requisitos imprescindibles son ser suizo, soltero, tener entre 20 y 30 años, ser católico practicante y medir más de 1,74 centímetros. Una vez cumplidas todas estas condiciones, es necesaria también una carta de recomendación de su párroco.

Son más de quinientos años los que lleva protegiendo al Sumo Pontífice este ejército considerado como «el más pequeño del mundo», constituido por apenas algo más de un centenar de soldados.

Son entrenados en el manejo de la espada y las alabardas y como armas de defensa más modernas portan, oculto en su uniforme, un pulverizador de gas lacrimógeno. Una vez alcanzado el grado de sargento acceden a una pistola y dos granadas.

Los nuevos miembros juran su cargo siempre el 6 de mayo, fecha en que se conmemora que las tropas del emperador Carlos V saquearon Roma en 1527, dirigidas por el condestable de Borbón. Allí murieron ciento cuarenta y siete de los doscientos guardias suizos que acabaron con ochocientos de sus enemigos. Los cincuenta y tres supervivientes formaron un círculo alrededor del papa Clemente VII y lograron que escapara por un callejón que conduce al castillo de Sant' Angello.

La única ocasión en que la Guardia suiza ha sido desarmada fue por petición del papa Pío VI (1775-1799) durante la invasión de Roma por parte de los ejércitos de Napoleón. El Papa, temeroso de que su guardia fuera aniquilada por las tropas francesas, les ordenó desarmarse y retirarse a su cuartel.

LEÓN X Y LAS HEMORROIDES

Al ser elegido Papa, León X (1513-1521) comentó a un cardenal amigo: «Dios nos ha dado el papado. Disfrutémoslo». ¡Y vaya si lo hizo!

Pronto su mandato se hizo famoso por su especial dedicación al ocio, a la buena vida y al libertinaje. Era conocida su afición a los jovencitos y al licor aunque también le gustaban las relaciones heterosexuales porque llegó a tener un buen número de hijos bastardos, para los que consiguió una buena posición social.

También fue un gran dilapidador de fortunas. Por los fastos realizados durante su coronación, por ejemplo, se llegaron a gastar más de cien mil ducados de la época. Se vistió con una túnica bordada en oro cubierta de piedras preciosas y encabezó a caballo una procesión seguida por dos mil quinientos soldados y más de cuatrocientas personalidades, entre las que se encontraban reyes, príncipes y nobles, que caminaron por una ruta plagada de banderas y adornos. Llegó incluso a construir un arco de piedra a la memoria de ese día tan señalado. Esa noche hubo celebraciones con grandes banquetes y fuegos artificiales.

El libertino Papa era también amante de la caza y poseía su propio coto, reservado para él y sus amistades. Si algún intruso era apresado dentro, se le cortaban las manos y los pies, se quemaba su casa y sus hijos se vendían como esclavos.

Uno de sus amantes más famosos, Alfonso Petrucci, para quien el Papa compró el título de cardenal, intentó acabar con la vida de su mentor pensando que en algún momento podría alzarse con el papado. Para terminar con León X trató de sobornar al médico florentino que lo iba a operar de las hemorroides que padecía. Petrucci pretendía que el doctor introdujese veneno en el ano del sumo pontífice mientras realizaba la operación. Una carta que encontró el servicio secreto del Papa dio al traste con la operación y con su amante en los calabozos. Durante varios días lo torturaron en el potro hasta que confesó su traición y después fue ejecutado.

Aparte de sus hemorroides, León X también pasará a la historia por haber promulgado la Taxa Camarae, una tarifa estipulada con el fin de vender indulgencias y perdonar las culpas a todos cuantos pudiesen pagar unas buenas libras al pontífice. No había delito, por terrible que fuese, que no pudiese ser perdonado a cambio de dinero. Por este motivo Lutero, indignado con tanta corrupción, se levantó contra la Iglesia católica.

Santa Teresa, una monja «troceada»

Santa Teresa de Jesús (1515-1582) o, mejor dicho, Teresa de Cepeda y Ahumada, que era como verdaderamente se llamaba esta religiosa fundadora de las carmelitas descalzas y que descansa «troceada» por diversos lugares de nuestra geografía.

El brazo y el corazón momificados se encuentran en el convento de Alba de Tormes (Salamanca), la mano derecha y el ojo izquierdo están en el de la Merced de Ronda (Málaga), el pie derecho y parte de la mandíbula superior están en Roma y la mano izquierda en Lisboa. Dedos y trozos de carne diseminados por toda la cristiandad y el resto de su cuerpo momificado lo podemos encontrar en la Iglesia de la Anunciación en Alba de Tormes.

Curiosamente la mano de santa Teresa, recuperada por Francisco Franco a las tropas republicanas durante la Guerra Civil española, acompañó al dictador hasta el resto de sus días en todos los viajes y los actos que realizaba. Se rumorea que dormía con la santa mano y que murió frente a ella. Una vez fallecido Franco regresó al convento de la Merced de Ronda.

Los restos de santa Teresa de Jesús descansan en un sepulcro cerrado con nueve llaves. Las monjas del convento tienen tres de estas llaves; otras tres, su confesor, y las otras tres se encuentran en poder de la duquesa de Alba.

Otro dato curioso es que santa Teresa murió justo cuando cambiamos del Calendario Juliano al Gregoriano. Ese ajuste significó que la santa murió el 4 de octubre y fue enterrada el día 15.

EL «BREBAJE» DE SATANÁS

A finales del siglo xvi el café se había puesto de moda entre la población italiana que saboreaba la infusión convirtiéndola en casi imprescindible en todos los hogares. La Iglesia de Roma comenzó a ver con malos ojos este disfrute e intentó que el papa Clemente VIII (1592-1605) aboliera y prohibiera su consumo considerando aquel maléfico brebaje como la bebida de Satanás.

Antes de tomar una decisión tan importante Clemente VIII solicitó que se le sirviera una taza de aquella infusión prohibida por el clero. El Papa degustó aquella bebida lentamente y al terminarla hizo una mueca de satisfacción. A continuación aseguró que sería un pecado que sólo los infieles pudieran disfrutar de bebida tan reconfortante, por lo que propuso bendecirla para que, a partir de ese momento, todos los cristianos creyentes pudieran consumirla con libertad.

Puede que los italianos tengan fama de «buenos cafeteros» precisamente a partir de aquella bendición papal.

O más bien por las Juntas de Fe, que era la forma que tenía la Iglesia de condenar a algún hereje ya que la Inquisición, aunque seguía existiendo, ya no podía ejecutar a ningún infiel.

El condenado se llamaba Cayetano Ripoll y era un maestro de escuela. Su terrible herejía consistió, según el tribunal, en no llevar a sus alumnos a misa y cambiar una frase en las oraciones que los pequeños realizaban en clase. «Ave María» lo sustituyó por «las alabanzas pertenecen a Dios». Esas faltas tan graves lo llevaron el 31 de julio de 1826 a la hoguera, o más bien a la horca. Lo situaron sobre un barril en el que habían pintado unas llamas (simulando la hoguera) con la soga rodeando el cuello, una vez tensa la cuerda lo empujaron y acabaron con su vida.

Sería el último ejecutado por la Inquisición española, que se suprimió de manera definitiva en nuestro país el 15 de julio de 1834. Todas las posesiones y los bienes de este tribunal pasaron al poder del Estado.

El comandante ruso que salvó la vida de Juan Pablo II

Los designios de la Santa Madre Iglesia no habrían sido los mismos si un joven Karol Wojtyla (1920-2005) no se hubiera cruzado en su camino con un comandante ruso llamado Vasilyi Sirotenko.

El oficial pertenecía a las tropas rusas que se encargaron de arrebatar Cracovia a los alemanes en la Segunda Guerra Mundial. Su unidad liberó a ochenta obreros que se habían refugiado en una fábrica de la Industria Química Solvay. Entre el grupo se encontraban dieciocho seminaristas.

El comandante ruso, que era profesor de historia medieval, preguntó a uno de los seminaristas si alguno sabía traducir del latín y del italiano, le contestaron que no pero que conocían a uno que sí le podía ser útil. El comandante mandó localizar a aquel joven polaco llamado Karol Wojtyla, que también sabía traducir ruso, y lo tuvo durante algún tiempo a su servicio.

Muchos oficiales, maestros y seminaristas compañeros de Karol fueron apresados y enviados a Liberia, de donde nunca regresaron con vida. El grupo de dieciocho que había liberado Sirotenko se salvaron gracias a él.

La historia recordará por desgracia a un fraile franciscano llamado Miroslav Filipovic, apodado *Hermano Muerte*, cuando dirigía el campo de concentración de Jasenovac en Croacia durante la Segunda Guerra Mundial, justo después de que Croacia se erigiera como Estado independiente bajo el mandato de un extremista de derechas llamado Ante Pavelic, que guió al país bajo la tutela de la Alemania y la Italia nazis. Los datos apuntan a que durante el mandato de Pavelic (1941-1945) se asesinaron a más de setecientos cincuenta mil serbios, gitanos y judíos y en estas matanzas también participaron varios frailes, entre los que se encontraba Filipovic.

Fueron varios los sacerdotes que como inquisidores de la Edad Media pasearon por todos los rincones de Croacia obligando a los ortodoxos a confesarse o a morir de la peor manera. Se pasaba a cuchillo aquellos que no se reconvertían o se los arrojaba desde lo alto de barrancos para que murieran despedazados. Fueron degolladas aldeas enteras, incendiados y saqueados docenas de pueblos y todas las propiedades de la Iglesia Ortodoxa pasaron a manos de la Iglesia católica croata que, lejos de criticar las matanzas, las apoyaba. El terrible Filipovic estranguló a muchos niños con sus propias manos.

También la historia recordará tristemente al padre Bozidar Bralow. El sacerdote se hizo famoso por el revólver automático que siempre llevaba. Fue acusado de realizar una macabra danza alrededor de ciento ochenta serbios asesinados en Alipasin-Most.

Otro de los «frailes asesinos» fue sin duda el franciscano Pero Brzica, apodado *El Rey de los Cortadores de Gargantas*. Este fraile retó a Miroslav Filipovic a ver quién era capaz de matar más prisioneros en una sola noche.

Los dos se pusieron «manos a la obra» y comenzaron a asesinar tan sólo por el placer de ganar a su rival. Las cifras que se alcanzaron esa noche fueron espectaculares: Filipovic acabó con mil cien prisioneros pero Brzica ganó la apuesta, pues asesinó a mil trescientos cincuenta prisioneros.

El ganador recibió el título de Rey de los Cortadores de Gargantas y un reloj de oro, seguramente arrancado a algún prisionero ejecutado.

La historia recordará con vergüenza estos acontecimientos; de hecho, la *Enciclopedia del Holocausto* recoge el nombre del franciscano Miroslav Filipovic como uno de los más crueles asesinos del campo de concentración de Jasenovac por «haber matado con sus propias manos a miles de prisioneros». No se sabe con certeza el número de personas que fallecieron en el campo de Jasenovac aunque las cifras van desde los cuarenta mil hasta los seiscientos mil antes de ser desmantelado en abril de 1945. Todos estos asesinatos fueron cometidos con el conocimiento de la Iglesia católica.

Pablo VI, el Papa viajero

Pablo VI fue sumo pontífice desde 1963 hasta 1978. Ostenta varios récords curiosos: fue el primer Papa en realizar viajes pastorales a otros países (Colombia, Estados Unidos, Tierra Santa, Suiza, India, Filipinas, Portugal, Uganda y Turquía) y pronunció discursos ante la ONU en Nueva York y ante los miembros de la OIT en Ginebra.

También se lo recuerda por la gran cantidad de libros que transportaba en aquellos viajes, cajas y cajas que contenían textos religiosos o filosóficos así como novelas policíacas, de las que era un gran aficionado, sobre todo de las de Agatha Christie.

También en su equipaje incluía una buena cantidad de cartones de tabaco ya que era un gran fumador. En sus años jóvenes consumía hasta dos cajetillas diarias. Una vez que fue nombrado cardenal bajó su dosis hasta la cajetilla diaria. Tras su elección como Papa limitó el consumo a diez cigarrillos al día.

6

Historias *reales*

Hoy en día todavía quedan algunos países, entre ellos, España, en los que la monarquía tiene un papel determinante en el gobierno del Estado. En casi todas las naciones en las que aún sobreviven las casas reales se han visto forzadas a amoldarse a los tiempos actuales y sus actos y sus posesiones son observados con lupa.

Atrás quedaron los tiempos de los desmanes y los abusos y aunque se han conservado algunas tradiciones arcaicas (no hay más que observar algunos actos protocolarios que realiza, por ejemplo, la familia real inglesa) nada queda de aquella suntuosa vida de palacio.

Es sorprendente observar el aguante y la paciencia que han tenido los ciudadanos que a lo largo de la historia han sido testigos de las locuras, los excesos, los abusos y los privilegios de reyes, príncipes, zares, sultanes, etcétera, que por el simple hecho de ser «hijos de» pasan a formar parte de un exclusivo grupo de personas selectas a las que seguramente jamás veremos pasar hambre.

En este capítulo se han recopilado las historias reales más curiosas y asombrosas, que nos darán una pequeña referencia de cómo los monarcas y los mandatarios han vivido a lo largo de la historia.

REY POR UN DÍA

Eso es lo que les duraba el reinado en la antigua Babilonia: exactamente un día.

Esta breve manera de gobernar, una vez al año, se encuadraba dentro de un ritual que se celebraba el día de año nuevo, en el que se escogía a un ciudadano normal al que se coronaba como rey para después entregarlo como ofrenda a los dioses.

Durante ese día concreto el monarca reinante abdicaba (con gusto) en otra persona escogida principalmente entre los pobres de la ciudad, que durante una jornada asumía las funciones del rey, incluso la de ser sacrificado.

Todos los años se repetía el ritual hasta que llegamos al reinado de Erra-Imitti, en el año 1861 a.C. Para el sacrificio de aquel día se escogió a un joven jardinero de palacio al que llamaban Enlil-Bani, que según la tradición fue coronado como monarca de Babilonia. Lo que el jardinero no esperaba es que ese día falleciera el auténtico rey en el transcurso de las celebraciones del nuevo año. Los sacerdotes dieron por cumplida ese día la ofrenda a los dioses y Enlil-Bani continuó gobernando. Se convirtió además en uno de los reyes más longevos de la antigua Babilonia. Su reinado duró veinticuatro años.

UNA REINA CRIADA POR PALOMAS

Al menos eso es lo que cuentan las leyendas griegas. Nos referimos a la reina Semíramis, reina de la antigua Asiria supuestamente durante los años 810 y 805 a.C. y a la que se le otorga la construcción de la maravillosa ciudad de Babilonia, célebre por sus increíbles jardines colgantes o la conquista de Egipto.

La leyenda asegura que la famosa reina fue abandonada por su madre en un desierto rocoso junto al nido de unas palomas. Las aves se apiadaron del bebé y comenzaron a robar leche a los pastores que transportaban en sus picos para depositarla después en la boca del bebé. Más tarde, cuando la leche no fue suficiente, robaban pequeños trocitos de queso para alimentar a la desprotegida niña.

Los pastores, extrañados por el comportamiento de las palomas, decidieron seguirlas para saber dónde acababa lo que las aves robaban. Así descubrieron a la hermosa niña pequeña, a la que recogieron y trasladaron a palacio. Allí creció y terminaría convirtiéndose en la reina y señora de Asiria.

También Semíramis pasó a la historia por ser una de las reinas más coquetas. Las crónicas cuentan que tenía hasta cincuenta doncellas solamente dedicadas al cuidado de su bello cuerpo.

Las monarquías a lo largo de la historia nos han dejado multitud de normas y decisiones curiosas e incomprensibles. A continuación repasamos las más llamativas.

¡Ninguna virgen ejecutada!

Es lo que ordenaban, durante muchos años, las leyes del Imperio romano: ninguna mujer virgen podía ser ejecutada. Para cumplir con el mandato el emperador Tiberio (42 a.C.-37 d.C.) tuvo una macabra idea: exigía a sus verdugos que violaran a las mujeres antes de ser ejecutadas.

Un reino de castos

Durante la Edad Media (476-1453) algunos monarcas recomendaban a sus príncipes y nobles que antes de acudir a la batalla «atraparan» a sus mujeres con un cinturón de castidad. Un dispositivo metálico que se ajustaba al aparato reproductor femenino y que impedía que se pudieran tener relaciones sexuales. El cinturón tenía una cerradura cuya llave solía llevarse el marido a la contienda. Muchos fallecían en el campo de batalla y sus mujeres no volvían a tener relaciones sexuales (a no ser que hubiera en la zona un buen herrero).

El rey anti «cerdos»

La manía del monarca está absolutamente explicada con un hecho sucedido en su vida. El hijo del rey francés Luis VI, *El Gordo* o *El Batallador* (1081-1137), llamado Felipe, murió cuando sólo tenía 15 años al caer de su caballo cuando un cerdo se cruzó en su camino. Su padre, el rey, prohibió que estos animales circularan con libertad por las calles de París. ¡Comprensible!

Un reino sin halcones

Así quedaron los turcos tras la decisión de su sultán Bayaceto I (1354-1402) después de que ordenara decapitar a más de dos mil halcones. Según el sultán, las rapaces no estaban bien entrenadas para la caza, una de las debilidades de Bayaceto.

¡No me toquen los melones!

Desde siempre se ha sabido: ¡no hay que tocar los melones del sultán! Y, si no lo sabían, a partir de la decisión de Mohamed II (1432-1481) ya no tuvieron excusa.

El monarca, muy enfadado porque habían desaparecido unos melones que él mismo había reservado, mandó formar a sus sirvientes y uno a uno les fue rajando el estómago intentando descubrir quién había cometido aquel delito. Tuvo que abrir en canal a catorce súbditos para encontrar al culpable.

Un país de barbudos

¡Qué remedio! A la muerte de Juan II de Portugal, apodado *El Príncipe Perfecto* (1455-1495), se ordenó que ningún ciudadano del reino se afeitara la barba durante seis meses como muestra de respeto y duelo.

Un monarca muy educado

Pedro I de Rusia (1672-1725), apodado *El Grande*, ordenó a sus nobles una curiosa imposición: la lectura de un libro que mostraba las normas más elementales de educación. Entre las curiosas recomendaciones se incluían, por ejemplo, no utilizar el dedo índice para limpiarse la nariz o no utilizar el cuchillo para el aseo de los dientes.

Así fue la vida de Teodora de Bizancio (501-548), una bella mujer que nació en Creta. Sus padres eran actores de circo y para intentar salir de la pobreza fijaron su residencia en Constantinopla.

Con sólo 16 años comenzó a ganarse la vida como prostituta y se hizo famosa gracias a un curioso «streaptease» que realizaba en el lupanar en el que trabajaba. Solía tumbarse desnuda con las piernas abiertas sobre el escenario y sus partes más admiradas eran cubiertas con granos por dos esclavos. A continuación soltaban a varios gansos que comenzaban a picotear su comida ante las convulsiones y los gemidos de placer de Teodora. De todos los lugares del reino acudían para ver su espectáculo y sus seguidores, entre los que se encontraban muchos hombres de poder, comenzaron a agasajarla con presentes y favores; así se convirtió en una mujer muy influyente. Con 19 años ya pudo montar su propia casa de citas.

En algún momento de su vida se cruzó con Justiniano I (al parecer ella se había convertido al cristianismo, había abandonado su antigua profesión y trabajaba como hilandera), que se quedó tan prendado de su belleza que la pidió en matrimonio. El rey bizantino tuvo que cambiar incluso las leyes de su reino que prohibían el casamiento entre personas de clases sociales diferentes.

Finalmente Justiniano I y Teodora se unieron en matrimonio y ella, convertida en emperatriz, comenzó a ser un gran apoyo para su marido el rey, tanto que hasta alguno de sus logros bélicos se le adjudican a su esposa.

Teodora no olvidó su pasado y dictó varias leyes defendiendo los derechos de las mujeres que fueron muy progresistas para la época. Promulgó, por ejemplo, la primera ley del aborto de la historia. Mejoró las leyes existentes en relación al matrimonio y la mujer. Prohibió la prostitución forzosa e incluso reglamentó los burdeles para que no se cometieran abusos con las mujeres que allí trabajaban.

De concubina a emperatriz

Éste podría ser en resumen la vida de Wu Chao (625-705), que primero sería concubina del emperador T'ai-Tsung y más tarde se convertiría en emperatriz de China. Un viaje que no fue nada sencillo.

Primero sobrevivió al emperador T'ai-Tsung y conquistó a su hijo Kao-Tsung, que se enamoró perdidamente de ella. Como el emperador ya estaba casado se convirtió en su segunda concubina pero, no contenta con el estatus alcanzado, tuvo un hijo con el monarca. Sabedora del poder que significaba tener descendencia del emperador, comenzó a conspirar contra la esposa de Kao. Al final consiguió su objetivo y la mujer del emperador fue arrestada y asesinada misteriosamente tiempo después.

De esta forma Wu Chao se convirtió en emperatriz consorte aunque sus recomendaciones eran acatadas por todos los colaboradores de su marido. Alcanzó muchísimo poder sobre todo cuando do el emperador sufrió una embolia que lo imposibilitó físicamente. A partir de ese momento comenzó su periodo de mandato que duró cuarenta y cinco años. Una época marcada, por un lado, por su tiranía, que la llevaba a ordenar la decapitación de algún súbdito tan sólo por haberla mirado de mala manera, y, por el otro, dejó un gran legado cultural y académico, pues fundó escuelas, hospitales o centros de arte.

Pero lo que más sorprendía de esta curiosa emperatriz era la manera en que le gustaba que la agasajaran. Si algún funcionario de su Corte necesitaba un favor especial de la soberana, debía acercarse al trono, donde ella recibía, lavarse la boca y practicarle a la emperatriz un cunnilingus. Después de este sencillo acto tenía todas las posibilidades de que la gestión solicitada prosperara.

El único rey canonizado

Luis IX o san Luis (1214-1270) es el único rey que hasta el momento ha sido canonizado. Fue rey de Francia. Hijo de Luis VIII y de la infanta castellana Blanca de Castilla; por tanto, primo hermano del rey castellano Fernando III el *Santo*.

Luis IX compaginaba sus acciones de gobierno con otras más espirituales: era un gran religioso que llevaba su fe hasta extremos a veces no comprendidos por los que lo rodeaban. Solía mortificarse a base de azotarse en la espalda con cadenas, lavaba los pies a los mendigos o compartía en ocasiones su mesa con leprosos. También se hizo famoso por ordenar quemar con un hierro incandescente a todos aquellos que juraban en nombre de Dios.

Perteneció a la orden franciscana seglar y fue el último rey europeo que emprendió viaje a Tierra Santa al mando de la Séptima y la Octava Cruzadas.

En la Séptima fueron apresados en Egipto por sus enemigos y liberados tras pagar un fuerte rescate. En la Octava no corrieron mejor suerte. Viajaron hasta Túnez, ciudad que sitiaron, pero una gran parte del ejército fue contagiado por la disentería que afectó también al monarca. Luis IX murió sin haber conseguido su objetivo: conquistar Túnez.

Una reina... ¡del más allá!

Del más allá regresó Inés de Castro (1320-1355) para gobernar. Inés fue primero amante y después esposa del infante don Pedro, hijo del rey Alfonso IV de Portugal. Esta relación llevada en secreto durante los años que vivió la esposa de don Pedro fue la causante de que Inés no obtuviera jamás la gracia del Rey y que no fuera vista con buenos ojos en la Corte.

De hecho, cuando Inés se convirtió en esposa de don Pedro unos años después de fallecer su primera mujer y, por tanto, en futura reina de Portugal, aumentó el odio de don Alfonso IV, que incluso comenzó a planear su asesinato.

Aprovechó que su hijo don Pedro estaba de cacería para acudir a los aposentos de doña Inés que, alertada por la llegada de su suegro y siendo conocedora de las malvadas intenciones que traía, se rodeó de sus hijos y suplicó entre lágrimas la compasión del monarca. Parece ser que los llantos hicieron mella en el rey pero no en sus acompañantes, que una vez que partió don Alfonso acabaron con la vida de la heredera al trono.

Cuando don Pedro conoció con detalle todo lo sucedido, montó en cólera y comenzó a batallar contra su padre hasta que lo derrocó y asumió el trono.

Gobernó bajo el nombre de Pedro I y la primera decisión que tomó después de haber acabado con la vida de los asesinos de su mujer fue exhumar su cadáver, engalanarlo con un vestido precioso, adornarlo con las mejores joyas y sentarla, como pudo, en el trono.

Con el cadáver arreglado de su esposa en el trono obligó a toda la Corte a rendirle pleitesía. Los súbditos, desencajados, fueron obligados a besar la mano cadavérica y a saludar al manojo de huesos como si se tratara de la reina gobernante.

Después de que la Corte hubiera jurado obediencia a la reina «del más allá» don Pedro I realizó unos funerales por todo lo alto y la enterró en la abadía cisterciense de Santa María de Alcobaça (Portugal). Sus restos fueron depositados en una tumba de mármol blanco. Con el tiempo el rey construiría la suya justo enfrente de la de su amada con la intención de que cuando llegase el día del juicio final lo primero que viera fuera a doña Inés.

¡YO ME LA CORTO!

Esta historia tan macabra ocurrió durante el mandato del emperador chino Yung-Lo (1360-1424), tercero de la dinastía Ming y conocido por su carácter violento. Un personaje malvado que tenía atemorizada a toda su Corte.

Algunas de las «hazañas» realizadas para alcanzar tan mala fama fueron, por ejemplo, autoproclamarse emperador tras sublevarse contra su sobrino, al que terminaría quemando vivo.

Para mantener su reino en orden y libre de enemigos el emperador debía permanecer al frente de su ejército, peleando de región en región. En una ocasión y calculando que iba a estar un largo periodo de tiempo alejado de su palacio en Pekín, mandó llamar a uno de sus consejeros más fieles, el general Kang-Ping, al que confió el cuidado de su codiciado harén.

El general, conocedor de las excentricidades de su señor y temeroso de que al regresar lo acusara de haberse aprovechado de sus mujeres, tomó una drástica solución: se cortó el pene, lo guardó en una preciosa cajita de bambú y lo escondió entre las posesiones del emperador.

Yung-Lo regresó de la batalla contra los mongoles y lo primero que hizo (seguramente arengado por alguno de sus consejeros) fue acusar a su general de haber seducido a varias de sus mujeres. El general acompañó a su emperador hasta su equipaje y le enseñó la pequeña caja de madera escondida para que se evaporaran las sospechas.

El emperador Yung-Lo quedó gratamente sorprendido por el grado de fidelidad de su consejero y lo nombró general de su ejército de eunucos.

La vergüenza real

Desde los tiempos de Pedro *El Cruel* se siguió una curiosa costumbre en la Corte española. Cada vez que una reina iba a dar a luz se la obligaba a que hubiera unos cuantos testigos en el parto para que dieran fe de que el bebé que nacía era realmente el fruto de un vientre real. A esta singular ley se tuvo que someter también Isabel la Católica (1451-1504), obligada a tener testigos en los partos de todos sus hijos nacidos en Dueñas (Palencia), Sevilla, Tordesillas (Toledo), Córdoba y Alcalá de Henares (Madrid).

Como la reina era una mujer de gran dignidad y algo vergonzosa, ordenó que se le colocara durante el parto un velo que le tapara la cara para evitar que ninguno de los presentes pudiera ver sus gestos de dolor.

De parto en las letrinas

En estos incómodos y fríos aposentos vino al mundo el infante Carlos, que más tarde se convertiría en Carlos I de España y V de Alemania (1500-1558).

Sucedió cuando su madre la archiduquesa Juana (más tarde reina de España), apodada *La Loca*, asistió a un baile que se celebraba en el palacio de Gante (Flandes). Durante la velada comenzó a sentirse indispuesta y acudió a las letrinas pensando que se podía tratar de un fuerte dolor de vientre. Allí, sola y sin la ayuda de nadie nació el infante Carlos a las tres de la madrugada del 24 de febrero de 1500.

Lo que mal empieza...

En las Cortes de la realeza española siempre se podía encontrar un numeroso grupo de médicos y curanderos dispuestos a mejorar la salud de los miembros reales. No iba a ser menos en la de Felipe II (1527-1598), donde los galenos de palacio se esmeraban por mejorar la debilitada salud del monarca y de su mujer, María Manuela de Portugal, aplicándole constantemente sangrías y purgas que lo único que conseguían era empeorar su estado.

María Manuela tuvo un embarazo complicado y después de un parto problemático donde dio a luz al primogénito de Felipe II, el príncipe Carlos, murió a los pocos días posiblemente a causa de una infección producida por las matronas durante el parto.

Más muertos que vivos...

La reina Isabel de Borbón debió de preguntarse el porqué de tantos hijos muertos (1602-1644). Tuvo siete vástagos con el rey Felipe IV de los que tan sólo sobrevivió la infanta María Teresa y el príncipe Baltasar Carlos, heredero del trono, pero que no pudo gobernar al fallecer a los 17 años, víctima de la viruela.

Lo más curioso es que la reina Isabel tenía que vivir con la angustia de saber que, mientras sus hijos morían, a su esposo el rey Felipe IV le iban aumentando los bastardos conocidos. Más de cuarenta niños que salieron adelante sin ninguna dificultad.

Los primeros gemelos reales en España

Los trajo al mundo María Luisa de Parma (1751-1819), la esposa de Carlos IV. El alumbramiento tuvo lugar en el palacio de la Granja de San Ildefonso el 5 de septiembre de 1783 y tuvo tanta trascendencia que los infantes reales fueron expuestos en una misma cuna para que la gente los pudiera conocer.

Poco duró la alegría en palacio porque los pequeños Carlos Francisco y Felipe Francisco de Paula fallecieron a los pocos meses.

También María Luisa de Parma tuvo el récord de niños fallecidos. Veinticuatro veces se quedó la reina embarazada aunque solamente de esos embarazos nacieron catorce hijos, de los cuales nada más que siete llegaron a la edad adulta.

Un parto terrorífico

Es el que sufrió Isabel de Braganza (1797-1818), reina consorte de España al casarse con Fernando VII.

La reina tuvo un embarazo preocupante y un parto complicado. Eran tantos los dolores que soportó Isabel que terminó desmayándose. Los médicos que la atendían, creyéndola muerta, le practicaron una cesárea de emergencia para intentar salvar al bebé, pero en el momento que extraían a la pequeña la reina lanzó un angustioso grito que confirmaba que no estaba muerta.

Era tal la sangría que los médicos habían organizado sin ni siquiera anestesia que la reina no pudo resistir y falleció minutos más tarde. Para mayor desgracia la niña que extrajeron de su barriga nació muerta.

MAXIMILIANO I, UN APASIONADO DE LA CAZA

Maximiliano I (1459-1519) fue emperador del Sacro Imperio Romano y padre de Felipe *El Hermoso,* famoso en la historia española por su matrimonio con Juana *La Loca.*

Tanto le gustaba la caza al emperador Maximiliano que incluso fue durante el transcurso de una cacería cuando murió su mujer María de Borgoña. En ese momento estaba embarazada y por satisfacer a su marido desoyó las recomendaciones del médico que le había prohibido realizar esta actividad. La mujer de Maximiliano fue lanzada por su caballo contra un árbol y tras abortar contrajo una septicemia que acabaría con su vida a los 25 años.

Luis XII de Francia, anfitrión en esa fatídica cacería y sintiéndose en cierto modo responsable, ofreció a Maximiliano, totalmente derrotado por la muerte de su amada esposa, sus mejores halcones.

De regreso a sus territorios Maximiliano se entretuvo con los halcones que su amigo el monarca le había cedido. Las rapaces eran tan buenas que el emperador recogió garzas, perdices y codornices. Se le daba tan bien la caza a Maximiliano que se olvidó de su gran pesar y estuvo participando sin descanso en más de treinta y cinco cacerías antes de regresar de nuevo a sus posesiones.

FELIPE II, EL MÁS ESOTÉRICO

Y es que el monarca Felipe II (1527-1598) tenía fascinación por conocer su futuro. En su Corte se podían encontrar magos, alquimistas, astrólogos... Fue tal la obsesión que tenía por saber lo que le depararía el destino que ordenó que le confeccionaran varias cartas astrales; entre ellas, la más famosa fue la denominada Prognosticón, encargada al médico Matías Haco. Una carta astral que el rey utilizaba como referente en su vida, aunque el tiempo juzgaría que de forma errónea, porque no fueron muchos sus aciertos. Por ejemplo, le pronosticaron que tendría más descendientes que su padre (primer fallo) o que Granada sería su lugar de residencia (todo lo contrario, Granada y sus moriscos generaron al monarca más de un quebradero de cabeza). Aun así, el rey tomaba muy pocas decisiones importantes del reino sin consultar el Prognosticón.

Felipe II era un rey muy devoto y católico, por eso es posible que no fueran tan esotéricas las razones que lo impulsaran a rodearse de alquimistas y que más bien fueran económicas. Felipe II contrató a Tiberio della Rocca para que intentara transformar metales en oro o plata con los que poder pagar a sus ejércitos. Tras muchos intentos el resultado no fue el deseado y las arcas del Estado quedaron notablemente mermadas.

El círculo de El Escorial

Este insólito grupo se formó en torno a 1580 y estaba integrado por médicos, espagíricos, alquimistas, cabalistas, astrólogos, naturalistas..., humanistas muy de la época, a los que Felipe II, estando ya muy enfermo, reunió para encontrar en ellos consejo y apoyo.

Debido a su débil estado de salud y quizá intentando conseguir su recuperación, tomaron protagonismo dentro del círculo los mezcladores, encargados de fabricar todo tipo de pócimas con las que sanar al rey. Los ingredientes que supuestamente se utilizaban eran de lo más variopinto: desde cuernos de unicornio o pezuñas de bestias hasta un gran número de piedras preciosas. Todo era seleccionado para fabricar brebajes, bálsamos y ungüentos con los que curar al monarca.

La obsesión por El Bosco

Dentro de esa faceta esotérica de Felipe II también deberíamos destacar esa extraña obsesión por adquirir todas las obras que pudiera del famoso pintor flamenco: El Bosco.

En 1570 compró el cuadro bautizado como *El carro de heno*, que observaba durante horas. Más tarde conseguiría el famoso cuadro de *El jardín de las delicias* o *La mesa de los pecados capitales*, que lo acompañó durante los últimos momentos de su vida. Algunos estudiosos han apuntado la posibilidad de que el rey perteneciera a alguna sociedad secreta herética.

Coleccionista de reliquias

Existen a miles y de todo tipo en el monasterio de El Escorial, la última residencia de Felipe II. Entre la gran cantidad de *santos despojos* destacan algunos huesos de san Lorenzo o la cabeza de san Hermenegildo. Era tanta la devoción del monarca por los cuerpos momificados que llegó a introducir en la cama de su hijo enfermo, el príncipe Carlos, el cuerpo incorrupto del monje don Diego de Alcalá. Curiosamente el príncipe mejoró.

También consiguió una réplica exacta de la Sábana Santa de Turín, fechada en 1590 y que aún se encuentra en el monasterio.

Nos referimos al príncipe de Asturias y heredero de la casa de Austria Carlos de Austria (1545-1568), hijo de María de Portugal y de Felipe II. Nunca gozó de buena salud mental ni física y la muerte de su madre durante el parto tampoco ayudó a que tuviera una infancia normal.

Estudió junto a su hermanastro, don Juan de Austria, en la Universidad de Alcalá de Henares. Pronto comenzó a conspirar contra su padre el rey y sus desvaríos fueron en aumento hasta intentar asesinar en público al duque de Alba.

Felipe II, cansado de tantos escándalos, terminó ordenando la detención de su propio hijo y su confinamiento en el Castillo de Arévalo. El príncipe se negó a partir de ese momento a comer y falleció de inanición el 24 de julio de 1568.

FELIPE IV, EL REY DE LOS BASTARDOS

Felipe IV, apodado *El Rey Planeta* (1605-1665), fue el segundo monarca de la casa de los Habsburgo que más reinó en España aunque lamentablemente no pasó a la historia por sus grandes logros sino por su gran actividad sexual.

Casado en dos ocasiones, tuvo doce hijos legítimos y se habla de que disfrutó de más de cincuenta amantes, de las que nacieron más de cuarenta bastardos, algunos reconocidos de manera oficial.

El activo rey no tenía una predilección especial por un tipo de mujer determinada: le gustaban de toda condición física, económica o social; eso sí, la mayoría acababa de igual modo sus relaciones con el monarca: ingresando forzosamente en un convento porque la dama que había sido del rey sólo podía pertenecer, a partir de ese momento, a Dios nuestro Señor. Esto desembocó en que un día una dama asediada por la insistencia del monarca le contestara: «Majestad, no he nacido para ser monja».

Es posible que la relación extraoficial más conocida de Felipe IV fuera la que mantuvo con la actriz María Calderón. Fruto de aquella pasión nacería el único hijo ilegítimo reconocido por el rey: don Juan de Austria. De sus amoríos ilegítimos con una hija del barón de Chirel hubo un único hijo: Francisco Fernando (1626).

Otros bastardos conocidos son Alonso Antonio de San Martín, obispo de Oviedo; Fray Juan del Sacramento, predicador; Alfonso de Santo Tomás, obispo de Málaga; Fernando Valdés, gobernador de Novara.

Matar moscas a cañonazos

Aunque en este caso más bien tendríamos que decir «matar pulgas a cañonazos» que era lo que hacía la reina Cristina de Suecia (1626-1689). Al parecer la reina sueca odiaba con todas sus fuerzas estos incómodos animalitos y justo en la época que le tocó vivir era muy difícil no toparse con ellos. No había mesón, posada o colchón que no tuviera como invitados a centenares de chinches o pulgas.

Para acabar con tan molesta plaga la reina diseñó y ordenó construir un cañón en miniatura (de unos quince centímetros) que lanzaba unas balas de hierro diminutas con las que Cristina de Suecia asediaba a los insectos. Como prueba de la astucia de la reina el cañón aún se conserva en el Museo del Ejército de Estocolmo.

El monarca menos aseadito

Luis XIV de Francia (1638-1715) pasó a la historia no sólo por haber sido uno de los monarcas más longevos y que más tiempo reinó en Francia, setenta y dos años, sino que también se lo conocerá por ser uno de los menos aseados de la historia.

Así consta en los escritos que dejó un médico de cámara: «Al rey Luis XIV los baños le producían dolores de cabeza y terribles vértigos», y todo porque el monarca francés seguía a pies juntillas los consejos de su médico personal, Teofrasto Renaudot. «El baño, a no ser porque sea por razones médicas o de absoluta necesidad, es superfluo y superficial».

Para martirio de su séquito el monarca solamente se lavaba la cara por la mañana con un trocito de algodón mojado en alcohol... ¡Eso en el mejor de los casos! A veces simplemente un poco de saliva le bastaba para su higiene personal.

Después de tan «intenso» aseo se colocaba su peluca postiza inundada de piojos, que alegremente le correteaban por la cabeza. Eran tantos y tan molestos que el rey mandó que le construyeran una mano de marfil con un mango de porcelana con el que rascarse a sus anchas su noble cabellera.

Eso sí, cuando el monarca estaba enamorado o deseaba conquistar a una dama de la Corte, se embadurnaba de perfume y de agua de rosas. ¡Es mejor no imaginar el resultado!

Solamente había algo limpio en el real cuerpo: ¡las manos! Luis XIV se las lavaba todas las mañanas y antes de cada comida con vino.

EL REINADO MÁS LARGO

Correspondió a Felipe de Anjou, que reinó en España bajo el nombre de Felipe V de Borbón aunque el pueblo lo conocía como *El Animoso* (1683-1746).

Felipe V reinó en España desde el 15 de noviembre de 1700 hasta su muerte, más de cuarenta y cinco años de mandato, que lo convirtieron en el monarca que más años ha reinado en nuestro país. Curiosamente este Borbón, nacido en Versalles, no era el primogénito, por lo que tuvieron que darse unas cuantas casualidades para que accediera al trono español.

A pesar de su largo reinado tampoco pasó a la historia por ser uno de los mejores monarcas aunque impulsó con acierto muchas reformas administrativas que sirvieron para que tuviéramos una administración más competitiva y centralizada.

También consideró primordial para su reinado el ensalzamiento de las artes y de la cultura, y así impulsó bastantes construcciones, como el Palacio Real de La Granja de San Ildefonso o el Palacio Real de Madrid, y fundó instituciones tan importantes como la Real Academia Española o la Real Academia de la Historia.

Felipe V también es recordado por ser el primer Borbón que reinó en España y por ser el responsable de la pérdida, entre otras valiosas posesiones, de Gibraltar tras el tratado de Utrech en 1713.

El Animoso fue un rey que, como otros a lo largo de la historia de España, tuvo numerosas enfermedades y durante algún tiempo tuvo demencia senil. Así lo describió el duque de Saint-Simon: «Felipe V, rey de España, posee un gran sentido de la rectitud, un gran fondo de equidad, es muy religioso, tiene un gran miedo al diablo, carece de vicios y no los permite en los que lo rodean».

LA REINA MÁS COQUETA

La zarina de Rusia Isabel I (1709-1762), hija de Pedro *El Grande*, debería llevar este título. Aunque para ser justos debería llevar varios títulos porque, aparte de sus excesos en cuanto a su aspecto físico, también era famosa por sus excesos sexuales, que tenían atemorizada a toda la guardia real.

La zarina no soportaba llevar todo el día los mismos vestidos. Al principio se conformaba con cambiarse un par de veces al día pero su obsesión fue en aumento y había fiestas en las que se cambiaba hasta tres o cuatro veces. No es de extrañar que a su muerte sus herederos se encontraran con más de diez mil vestidos acumulados en sus enormes armarios.

Fernando VI... ¡El más putero!

Era sabido por su entorno y por la Corte que el rey Fernando VI (1713-1759) era un asiduo visitante de los burdeles de la Villa, acompañado de su inseparable amigo el conde de Saldueña. La encargada de seleccionar las jóvenes vírgenes, que eran las que seducían al monarca, era una madame a la que llamaban *Pepa la Malagueña*.

Sus correrías tuvieron consecuencias ya que el rey cogió unas úlceras en sus partes nobles que lo acompañaron el resto de su vida. También se cuenta que su alteza era coleccionista de la ropa interior que habían utilizado sus jóvenes amantes.

Luis XV... ¡Azótame más!

Eso debió de gritar el rey en más de una ocasión a Jeanne-Antoinette Poisson (1721-1764), que llegó a ser duquesa-marquesa de Pompadour.

Esta cortesana, que conseguiría ser consejera y amante del rey Luis XV, influyó de forma notable en las decisiones de Estado del monarca y curiosamente se hizo famosa porque al parecer le gustaba dominar a sus amantes flagelándolos, atándolos con cadenas y humillándolos.

El rey, que la quería sólo para él, la obligó incluso a separarse de su marido, don Carlos Guillermo Le Normant d'Étiolles, y fijó su residencia en el Palacio de Versalles.

La duquesa de Pompadour también pretendió mantener a raya a todas sus rivales, pues llegó incluso a realizar magia negra y a intentar envenenar a la duquesa de Chateauroux, que luchaba también por el amor del monarca. Al final la duquesa rival atemorizada se retiró a un convento.

La historia no sólo recordará a la duquesa de Pompadour por ser la amante de Luis XV sino también por el gran impulsó que dio al mundo de la cultura y las letras al ser una gran mecenas para artistas y científicos.

Una prueba de los logros que consiguió se refleja en la frase que Voltaire escribió a su muerte: «¿Cómo es que toda Francia no llora? Si éste es el Siglo de las Luces, en parte se lo debemos a ella».

No habría estado mal que alguno de los lacayos del rey Gustavo III de Suecia (1746-1792) se lo hubiese confirmado, seguramente se habrían ahorrado más de un bochorno. El monarca sueco estaba convencido de que aquella infusión traída desde el otro mundo era letal para el ser humano y advertía que su consumo continuado podía acabar con quien la tomara.

El rey pretendió demostrar su teoría con un reo acusado de asesinato. Ante la mirada atónita de su equipo médico ordenó que se suministrara a diario al culpable tazas de café.

Dio comienzo la absurda condena y el preso empezó a ingerir su dosis diaria de café. Los médicos acudían de forma habitual a su celda a verificar sus constantes vitales, que seguían tan activas como el primer día de encierro.

Diez años llevaba el pobre hombre tomando sus doce tazas de café cuando el rey fue asesinado por varios conspiradores durante un baile de máscaras en la Ópera de Estocolmo. También fueron muriendo con el tiempo sus doctores, hasta que finalmente el único que quedó vivo de aquel experimento fue el propio reo, que fue indultado y falleció muchos años después de muerte natural.

Carlos IV, un rey muy recatado

Carlos IV (Nápoles, 1748-Roma, 1819), monarca español desde 1788 hasta 1808, pasó a la historia por un hecho curioso sucedido en su palacio. Al parecer el monarca era algo recatado en sus comportamientos y, de hecho, ordenó que todos los cuadros de su palacio en los que se mostraban desnudos fueran quemados y destruidos. Aquello supuso un gran escándalo porque entre las obras seleccionadas había cuadros de pintores tan importantes como Rubens, Durero o Van Dyck.

Al final el marqués de Santa Cruz decidió por su cuenta y riesgo indultar los obscenos cuadros y simplemente esconderlos en una sala especial reservada a algún estudioso del arte que así lo solicitara.

Así permanecieron hasta que su hijo Fernando VII ordenó que estas obras se trasladaran a una sala especial dentro del Museo del

Prado. Esta dependencia se encontraba en la planta baja y muy cerca de la puerta de Murillo.

Aunque esta historia ha sido varias veces recogida hay expertos que aseguran que no fue del todo merecida la fama de Carlos IV de «exterminador de desnudos» y que no es real que ordenara quemar aquellos «obscenos cuadros».

LA MODA DEL COLOR PULGA

¿Cuál era ese color? Pues algo indefinido mezcla de marrones y morados, entre charco y tierra. Un color que puso de moda en la Corte la reina consorte de Francia María Antonieta (1755 -1793).

Al parecer, durante uno de los bailes que con frecuencia se celebraban en palacio, María Antonieta apareció luciendo un vestido de un color poco usual. Las damas congregadas se quedaron impresionadas. La reina jocosa preguntó a las allí presentes: «¿Les gusta mi vestido color pulga?». Obviamente a partir de ese instante aquel color se puso de moda entre la nobleza.

Los sastres, que siempre estaban a la última, comenzaron a incluir el color pulga entre sus diseños e incluso aumentaron las tonalidades: pulga joven, pulga vieja, vientre de pulga, etcétera.

Si este nombre de color resulta curioso, qué decir de un tono entre marrón y amarillento que la reina francesa bautizó con un nombre tan escatológico como caca Duphin o *merde d'oie*.

UN TRONO MUY ELÉCTRICO

Menelik II (1844-1909) fue emperador de Abisinia (la actual Etiopía). Durante su mandato, en concreto en 1890, ocurrió un hecho que al soberano le llamó poderosamente la atención: en Estados Unidos se ejecutó en la silla eléctrica (inventada por Harold P. Brown) al primer reo de la historia. Se llamaba William Kleiner.

El emperador debió de encapricharse con aquella moderna manera de acabar con los súbditos y decidió encargar lo que para él suponía un símbolo inequívoco del poder absoluto.

La silla llegó a palacio aunque se había pasado por alto un pequeño detalle: en aquel país africano no existía aún la energía eléctrica.

Decepcionado, el monarca trató de dar alguna utilidad a aquel artilugio y lo convirtió en su trono. Era curioso ver la cara que ponían sus súbditos cuando sentado en su silla eléctrica departía los temas de Estado.

UN MONARCA MUY POCO DIPLOMÁTICO

La cortesía no era el fuerte del sha de Persia Muhamad Alí (1872-1925), que se lució en una recepción que le organizó el príncipe de Gales durante una visita oficial que realizó a Inglaterra en 1899.

Cuando el mandatario iraní se encontró frente a su anfitrión, no se le ocurrió otra cosa que, señalando a las damas invitadas al evento, comentar al príncipe: «Si éstas fueran mis esposas, yo las mandaría decapitar por feas». Como era lógico, no volvieron a invitarlo jamás oficialmente a Inglaterra.

EL COLECCIONISTA DE PORNO

Deberíamos conceder este título al rey Alfonso XIII (1886-1941). El monarca español era un gran aficionado a este género de cine, pues llegó incluso a la producción de algunas películas que durante la década de 1920 se grabaron en el barrio Chino de Barcelona bajo el sello, curiosamente bautizado, como Royal Films.

Recientemente la Generalitat Valenciana ha restaurado tres de estos cortometrajes: *El confesor*, *El ministro* y *El consultorio de señoras*. El resto se perdió o fue destruido en la época franquista, donde no se veía con buenos ojos un rey amante del porno.

Se ha llegado a conocer que el monarca no sólo pagaba por el material pornográfico sino que en algunos casos sugería los argumentos de algunas de las películas que se grababan.

EL REINADO MÁS BREVE

Veinte minutos es el reinado más breve de la historia. Tan corto mandato lo protagonizó el rey Luis Felipe I de Portugal (1887-1908).

Luis Felipe era hijo del rey Carlos I, amenazado por varios grupos republicanos. Por ese motivo juró a su padre siempre ir armado y defenderlo con su propia vida ante cualquier ataque que sufriera. Y muy pronto tuvo que llevar a cabo su juramento.

El 1 de febrero de 1908 una multitud de fanáticos republicanos que pertenecían a la organización terrorista Carbonaria tramaron una emboscada al monarca y tras tirotearle terminaron con su vida. Su hijo Luis Felipe repelió la agresión abatiendo a uno de los asesinos de su padre. En el intercambio de disparos resultó herido de gravedad.

Luis Felipe fue atendido de urgencia por varios doctores y se mantuvo con vida lo justo para jurar el cargo como nuevo monarca. A los veinte minutos de acceder al trono de Portugal falleció y sería su hermano Manuel, que en el atentado fue alcanzado con un tiro en el brazo, el que tomara desde ese momento las riendas del Estado portugués.

El récord de monarca mejor dotado se lo adjudicamos sin ninguna duda al rey Carol II de Rumanía (1893-1953). Un rey al que la historia ha etiquetado como represivo, corrupto, libidinoso, extremista... Muchos son los calificativos y pocos buenos. También fue conocido por su obsesión por el sexo y por el gran tamaño de su miembro real, que lo obligaba a realizar el acto sexual con una almohadilla con un agujero central que suavizaba las penetraciones a sus amantes y esposas. En ocasiones alguna de ellas tuvo que ser atendida por los doctores reales de los desgarros que les había producido mantener relaciones con tan dotado monarca.

7

Los olvidados de la historia
(monstruos y animales)

Por este capítulo va a aparecer un buen número de personajes y de leyendas que nos han acompañado a lo largo de los tiempos. En algunos casos hay más mito que realidad y en otros hubiera sido mejor que no existiera la parte real en la historia.

Sería muy complicado explicar cuándo comienzan los monstruos a formar parte de nuestras tradiciones y folclores. Es probable que el ser humano los incorporara en parte para justificar sus miedos y el temor a lo desconocido.

Algunos de estos monstruos se inventaron para atemorizar a la población e incluso se ha llegado a pensar que algún alto mandatario se encontraba detrás de la creación de alguno de ellos. Era mejor que el pueblo estuviera distraído y temeroso buscando a un monstruo que preocupado por los problemas internos. El miedo al diferente ha producido que muchas personas hayan sido catalogadas como monstruos sin serlo, como en el triste caso del hombre elefante.

En cuanto a los animales, también han permanecido a nuestro lado a lo largo de la historia. Les hemos sacado todo el partido que hemos podido, nos han servido como sustento y en algunos casos han suplido la compañía de algún ser querido. Nos han defendido, protegido y han sido nuestros vehículos transportándonos sin quejas. Nos han ayudado en las batallas y nos auxilian en rescates y en labores policiales. Era justo que este capítulo también incluyera alguna historia curiosa relacionada con el apasionante mundo animal.

Embalses, lagos y mares han dado pie, a lo largo de los tiempos, a innumerables historias sobre monstruos marinos, casi todas ellas exageradas por los testimonios de cientos de marinos orgullosos de haberlos visto con sus propios ojos o incluso de haber librado con ellos agotadores enfrentamientos, pero... ¿cuántos monstruos terribles existen en los mares? Basta ojear alguna de las cartas de navegación que utilizaban los antiguos marinos para descubrir que en los extremos de los océanos dibujaban terribles monstruos que acechaban a todo aquel que osara adentrarse en el mar. A continuación daremos un repaso a los más importantes.

Leviatán

Puede que sea uno de los primeros monstruos marinos de la historia. Una bestia que vivía en los mares y de la que podemos encontrar algunas referencias en varios pasajes bíblicos. Podría tratarse de un enorme animal mezcla de ballena y serpiente marina, con cuerpo escamado y dientes afilados, capaz de devorar barcos enteros gracias a que podía nadar a gran velocidad alrededor de las naves produciendo un violento torbellino que arrastraba a cualquier barco hasta su enorme boca.

En la tradición cristiana se asocia al Leviatán con un monstruo que bien podría tratarse de la reencarnación del demonio o Satán. Incluso el vocablo «Leviatán» con el paso del tiempo se ha utilizado para referirse a los peligros que nos acechan en el mar en general.

Kraken, el calamar gigante

La mitología escandinava ya hablaba de este terrible animal, lo más parecido a un pulpo o calamar gigante, capaz de engullir en breves minutos un barco entero y su tripulación. La leyenda habla de que algunos llegaban a tener proporciones tan increíbles que se podían confundir con islas en medio del mar.

El Kraken es quizá el monstruo marino más real que existe ya que se han conseguido atrapar calamares de enormes dimensiones, como el que se encontró en febrero de 2007 en las aguas del mar de Ross en Nueva Zelanda. Allí un navío de la empresa de mariscos Sanford localizó y atrapó un calamar de unos diez metros de largo y unos cuatrocientos cincuenta kilos de peso.

La carrera internacional por conseguir imágenes de un calamar gigante vivo todavía continúa aunque se han gastado ya millones de euros en varias campañas con el único objetivo de filmar al monstruo marino. Empresas tan importantes como National Geographic, BBC o los españoles de la productora Transglobe Films siguen empeñados en conseguirlo aunque hasta el momento no se haya completado el objetivo.

El monstruo del lago Ness

Hoy en día tenemos muy pocas pruebas reales en las que basarnos para demostrar que *Nessie*, que es como familiarmente se llama al monstruo de este lago escocés, es algo más que una leyenda imprescindible para mantener el turismo en una alejada población.

Según cuenta la leyenda, hace millones de años quedó atrapado en este lago debido a los movimientos de las placas continentales un prehistórico animal marino que sobrevivió a los cambios de siglos protegiéndose y escondiéndose en las profundidades de las aguas.

Las primeras referencias a este monstruo (un animal enorme, con largo cuello, cabeza pequeña y un par de aletas en los laterales de su cuerpo) se remontan al año 565 a.C. cuando un monje irlandés dejó escrito el enfrentamiento de san Columba con un increíble monstruo que salió de las profundidades del lago para atacar a un lugareño.

Obviamente los criptozoólogos no consideran que esta historia tenga ninguna sustentación científica ni tampoco otros muchos testimonios que fueron apareciendo a lo largo de la historia y que aseguraban haber visto al enorme animal.

En la época moderna sí que emergieron lo que en un principio parecían pruebas irrefutables de que el monstruo existía: una fotografía obtenida en 1934 por Marmaduke Wetherell, un cazador contratado por el periódico *Daily Mail* para capturar al monstruo y que terminó reconociendo en su lecho de muerte haber fotografiado realmente una escultura de arcilla acoplada a un submarino de juguete. A punto estuvo el cazador de llevarse el secreto de su fraude a la tumba.

Tanto se especuló sobre la existencia del monstruo que en 1972 se envió al famoso lago una expedición de la Academia de las Ciencias Aplicadas de Boston. Los científicos acudieron con todo tipo de sensores y radares marinos e incluso una cámara estroboscópica diseñada para fotografiar la vida submarina que solamente pudo captar dos imágenes muy borrosas que los científicos no dieron como válidas.

Tampoco una operación similar bautizada como *Deep Search* organizada en 1987 tuvo éxito. En esta ocasión también nos dejaron sin pruebas irrefutables de la existencia de tan terrible monstruo. Por casualidad, al amparo de la leyenda, han surgido en la zona decenas de casitas y hoteles rurales, tours en bote por el lago o tiendas que nos venden todo tipo de souvenirs convencidos de que *Nessie* todavía bucea en las frías y profundas aguas del lago Ness.

Morgawr

Al igual que existe la leyenda de *Nessie* en Inglaterra tienen también otra muy parecida que hace mención a otro monstruo marino denominado *Morgawr* o Monstruo de Cornualles, que según algunos testimonios comenzó a aparecer en 1975 junto a Falmouth Bay, en la costa de Cornualles (Inglaterra). Del terrible monstruo, con un aspecto similar al del lago Ness, existen varias fotografías a los que los científicos no han dado demasiada credibilidad.

Ogopogo

También se ha unido este monstruo marino a la larga lista de terribles animales aparecidos en un lago, en este caso en el Okanagan, en la Columbia Británica (Canadá).

El Ogopogo tiene un aspecto similar al del lago Ness. Existen testimonios que aseguran que el extraño animal ya se apareció en 1860. El terrible monstruo atacó en aquel año a un indio y a varios de sus caballos. No volveríamos a tener noticias de él hasta 1926, cuando más de treinta testigos aseguraron haber visto al terrible animal emerger a la superficie del lago. También, como en el caso

de *Nessie*, existen fotografías y filmaciones a las que los investigadores no han dado mucha credibilidad.

Este sanguinario animal actuó entre 1764 y 1767 en la región de
Gévaudan, en el centro de Francia. Han transcurrido cientos de años
y los investigadores aún se preguntan cuál pudo ser la raza de aquel
terrible monstruo al que se le llegaron a atribuir más de cien muertes violentas.

Se encontró a la primera víctima descuartizada el 30 de junio
de 1764 en la región de Aurvernia. Se trataba de una campesina de
14 años llamada Jeane Boullet. Al mes siguiente aparecieron dos
nuevos cadáveres. En primer lugar, de dos niñas y, pocos días después, el de dos niños y una mujer. Todos los cuerpos se encontraron
descuartizados.

La primera hipótesis que barajaron las autoridades de la zona
fue que aquellas macabras muertes podían estar producidas por el
ataque de algún tipo de lobo sediento de sangre. Comenzaron a llegar a la zona cazadores y rastreadores provenientes de todos los rincones del país deseosos de capturar al monstruo y adjudicarse así la
sustanciosa recompensa que se ofrecía por el sanguinario animal.

Las leyendas, las exageraciones y las historias inventadas comenzaron a circular por el entorno. No faltaron testigos que aseguraban haber presenciado la muerte de alguna de las víctimas
a manos de la siniestra bestia. La mayoría la describían como una
especie de lobo de grandes dimensiones, de pelo rojizo, ojos bri-
llantes y con una mandíbula enorme cargada de dientes y colmillos.
El terrible monstruo llevaba también una larga cresta de pelos en
la espalda. Pronto la población del lugar comenzó a rumorear que
la bestia era la reencarnación del demonio en la tierra o incluso
alguna bruja sedienta de sangre y carne humana.

Los cadáveres destrozados seguían apareciendo y la población
comenzó a estar atemorizada. El rey Luis XV se vio en la obligación
de enviar a la zona una escuadra de dragones de caballería que
junto a más de doscientos aldeanos armados emprendieron la búsqueda de la bestia. Aquellos oscuros bosques propiciaban que cada
vez fueran más frecuentes las muertes de inocentes mientras seguía
creciendo también el número de lobos abatidos.

El tiempo pasaba y aumentaba la intranquilidad de los aldeanos de la zona, que comenzaron a protestar y a revelarse contra su rey, incapaz de acabar con el mal que arrasaba sus tierras. Pronto Gévaudan y su bestia serían conocidos fuera de sus fronteras sirviendo de mofa a otros países que se burlaban de lo ridículo que resultaba que un numeroso grupo de soldados no fuera suficiente para acabar con un animal.

Quizá protegidos por el anonimato que proporcionaba que cualquier muerte fuera atribuida a la bestia, es posible que algunos asesinos acabaran con la vida de alguna joven a la que descuartizarían con posterioridad para así simular un ataque del temido monstruo.

Pronto se comenzó a buscar responsables de las terribles muertes. Primero se señaló a los gitanos. Los acusaban de haber criado en sus circos ambulantes algún peligroso animal que podría haberse escapado para buscar refugio en los bosques. También se acusó a un noble francés que había vivido varios años en África y que en su mansión criaba animales traídos del lejano continente, como tigres o leones. El miedo y la incertidumbre provocaron que los sacerdotes de la zona predicaran que la bestia era el demonio que castigaba a las mujeres pecadoras e impuras buscando de esta manera tan cruel la redención.

Pasaron casi tres años y más de cien muertos antes de que un campesino armado con una escopeta cargada con balas de plata (fabricadas tras fundir varias medallas de la Virgen María) acabara con la vida de un lobo de enormes dimensiones. El cadáver del animal fue trasladado a Versalles. Su cuerpo llegó casi descompuesto, por lo que no se pudo ni disecar ni investigar en profundidad. Su esqueleto fue donado al Museo de Ciencias Naturales de París, pero un incendio provocado en 1830 tras una rebelión popular acabó con la prueba de la existencia de la sanguinaria bestia.

Aún hoy en día los investigadores intentan encontrar una respuesta a todas aquellas muertes sucedidas en la zona de Gévaudan. ¿Una manada de lobos? ¿Una especie exótica de animal traído de algún remoto lugar y criado en cautividad? ¿Un cruce premeditado de dos razas de animales salvajes? ¿Un asesino en serie?

Lo curioso es que en otras épocas y lugares diferentes ya habían ocurrido casos similares al de Gévaudan, como el que acaeció en Benais casi cien años antes, donde murieron más de cien personas, la mayoría, mujeres y niños. También unos cuarenta años después (entre 1875 y 1879) se sucedieron una serie de muertes en las mismas circunstancias en la zona cercana de L'Indre y ataques similares ocurrieron en Francia hasta mediados de 1900.

ROMASANTA, EL HOMBRE LOBO GALLEGO

La leyenda de la existencia de hombres que se transforman en lobos, por voluntad o de forma natural, es corriente en muchas culturas y nadie sabría determinar un origen exacto del comienzo de estas historias. Lo curioso es que en España tenemos uno de los únicos hombres lobos documentados que existen.

El hombre lobo español se llamaba Manuel Blanco Romasanta y nació en una pequeña aldea de Orense, en Regueiro de Esgos, el 18 de noviembre de 1809.

Sus primeros años de vida y su adolescencia fueron completamente normales y en la madurez trabajó como sastre. En 1831 se casó aunque por desgracia su mujer falleció a los tres años de casados sin dejarle descendencia. Para Romasanta aquella pérdida fue un grave acontecimiento que lo sumió en una profunda depresión. El único refugio que encontró para su tristeza fue la religión.

Su pequeña y delgada complexión hacía que no pudiera dedicarse a trabajos que necesitaran de mucha fuerza física. No lo querían en el campo y la única salida que encontró fue recorrer los pueblos gallegos como buhonero, vendiendo baratijas y pequeños enseres de costura. También se lo llegó a conocer en la zona por

169

vender unto y grasa de cerdo aunque en las aldeas por las que pasaba se rumoreaba que aquellas grasas no eran de cerdo sino de niños pequeños que secuestraba y asesinaba. Sin él buscarlo su fama fue en aumento y pronto fue acusado de la muerte de un alguacil por la que fue juzgado y condenado. Romasanta huyó de la justicia y se refugió en una pequeña aldea abandonada, llamada Ermida. Allí estuvo recluido el tiempo suficiente como para que el incidente quedara olvidado.

Manuel Romasanta volvió a dejarse ver intentando ganarse la confianza de sus vecinos, sobre todo la de las mujeres, a las que ayudaba voluntariamente en sus tareas. En aquellos tiempos de pobreza era habitual que muchas mujeres que habían enviudado decidieran emigrar hacia la capital para intentar ganarse el sustento de la familia. Eso fue lo que ocurrió con una vecina de Romasanta, Manuela García Blanco, y con su hija Petra de 6 años, que pidieron al buhonero, dada su experiencia y su conocimiento de los bosques, que las acompañara hasta la capital donde tenían previsto comenzar una nueva vida alejadas de la miseria de aquella aldea. Así lo hizo y al regresar comenzó a explicar a las demás vecinas lo bien situadas que habían quedado Manuela y su hija, lo que hizo que otras mujeres con hijos pequeños siguieran sus pasos.

De todas las vecinas que partían con Romasanta jamás se volvía a tener noticias. La incertidumbre de no volver a saber de las mujeres que se marchaban pronto desembocó en inquietud y temor. La rumorología comenzó a culpar a Romasanta de haber asesinado a las mujeres y los niños que acompañaba para sacarles los untos y las grasas para posteriormente venderlos de manera clandestina.

Para evitar un nuevo juicio Romasanta escapó de su Galicia natal y marchó hacia otras tierras con tan mala fortuna que al pasar por un pequeño pueblo de Toledo (Nombela) la casualidad hizo que dos paisanos suyos de Orense, que trabajaban como temporeros en los campos toledanos, lo reconocieran y conocedores de sus andanzas lo denunciaran al alcalde, que rápidamente ordenó su detención.

De nuevo Romasanta sería juzgado. El proceso comenzó en abril de 1853 y creó una gran expectación. Tras su detención Romasanta se declaró culpable de decenas de asesinatos y de haber realizado los crímenes bajo el influjo de una extraña fuerza que lo hacía convertirse en lobo. Según relató a los jueces, una vez transformado en animal no podía reprimir su ansia de destrozar a sus víctimas y luego devorarlas. El buhonero horrorizó a sus captores con aquella espeluznante confesión en la que acusaría de su enfermedad a varios de sus parientes, que según el hombre lobo gallego lo habían maldecido de pequeño. Viendo que aquella acusación no causaba efecto, terminó alegando que su mal era debido a una enfermedad.

Tras el juicio llegó la sentencia que aún hoy se conserva en el Archivo del Reino de Galicia. Dos mil folios que expresan contundentemente cómo obraba Manuel Blanco Romasanta: «... que ningún motivo ni causa le han dado las personas que deja mencionado para matarlas, y que sólo consecuencia de una enfermedad que le acometía varias veces se transformaba en figura de lobo, perdiendo la de hombre, y llevado de una fuerza irresistible se echaba a las víctimas que tenía delante, las desgarraba con uñas y dientes hasta que hechas cadáveres, las devoraba y comía...».

Romasanta fue declarado culpable de nueve asesinatos tras el juicio que duró aproximadamente un año. Se lo condenó a morir a garrote vil y a pagar mil reales de indemnización a cada víctima.

Antes de la ejecución apareció un curioso personaje, un hipnólogo francés, que sorprendido por el caso publicado por la prensa extranjera decidió escribir al ministro de Gracia y Justicia suplicando autorización para estudiar el caso. El hipnólogo afirmaba que Romasanta padecía una enfermedad que podía ser curada. La súplica llegó hasta la reina Isabel II, que decidió conmutar la pena de garrote vil por cadena perpetua.

Manuel Blanco Romasanta ingresó en la prisión de Allariz y, aunque misteriosamente hay documentos que así lo atestiguan, no existe, en cambio, ninguno que pueda explicar cómo fueron sus últimos días o si los terminó en prisión. El final de la vida de Romasanta se diluye dando más fuerza y publicidad a un personaje que los vecinos gallegos se han encargado de convertir en leyenda al asegurar que el hombre lobo todavía sigue morando por los bosques gallegos.

«Big Foot»

Aquí nos encontramos con un animal legendario, más leyenda que realidad, que ha alcanzado la misma fama que sus *hermanos Nessie* o *Yeti*.

Como en los dos casos anteriores, la comunidad científica reconoce no tener pruebas solventes de su existencia aunque algunos criptozoólogos sostienen que podría tratarse de alguna especie emparentada con el *Yeti*.

Según algunos testigos, este gigantesco animal ha sido localizado en algunas zonas de América y sería una especie de orangután de casi tres metros de altura y unos ciento sesenta kilos de peso. Con grandes hombros, cabeza pequeña y ojos pequeños ocultos bajo la frente. Está cubierto de pelo entre marrón y negro, desprende un olor insoportable semejante al del sudor humano y emite chillidos o gruñidos suaves. Sus grandes huellas fueron las que dieron origen a su nombre. La mayoría de los testigos lo han observado durante la noche y aseguran que sus ojos brillan en la oscuridad como los de otros animales nocturnos.

Los primeros testigos documentados aparecieron en 1851, cuando un periódico local de Arkansas publicó el relato de dos cazadores que aseguraron haber visto un rebaño perseguido por un animal con las características antes descritas.

A mediados del siglo XX y publicitado convenientemente, ya el animal era visto con más asiduidad. En Estados Unidos existe un registro de avistamientos de *Big Foot* que contiene unas mil observaciones en estos últimos ciento cincuenta años.

Este extraño animal ya forma parte del folclore americano. De hecho, muchas zonas del noroeste de los Estados Unidos viven en gran parte de los ingresos que genera el turismo deseoso de encontrarse de frente con *Big Foot*.

Como curiosidad podría destacar que en el condado de Skamania, en Washington, se aprobó una ley en 1969 en la que se penaba «cualquier agresión deliberada e infundada a tales criaturas» por lo que, legalmente y al menos en este condado, *Big Foot* se encuentra protegido.

JOSEPH MERRICK, EL HOMBRE ELEFANTE

Durante muchos años fue considerado un monstruo aunque la ciencia moderna ha dictaminado que simplemente se trataba de un enfermo que padecía una terrible dolencia, una complicada variante del llamado síndrome de Proteus (a esta conclusión se llegó tiempo después gracias a unas pruebas de ADN que se realizaron de pelos y huesos del «hombre elefante» que se conservaban en el Museo del Hospital de Londres).

La persona a la que nos referimos se llamaba Joseph Carey Merrick y nació en Inglaterra el 5 de agosto de 1862. Se hizo tristemente famoso por las horribles deformaciones que tenía en cuerpo y rostro. La incomprensión y la incultura del momento hicieron que nuestro protagonista se viera obligado a pasar la mayor parte de su vida como reclamo de un circo ambulante.

Los primeros síntomas de la cruel enfermedad comenzaron a manifestarse en su cuerpo cuando solamente tenía 18 meses y se hicieron más evidentes a los 4 años, cuando su cuerpo comenzó a llenarse de bultos y sus articulaciones empezaron a deformarse. A pesar de sus problemas de movilidad su madre lo acompañaba a diario a la escuela y no descuidaba su educación aunque cuando Merrick tenía 11 años su madre murió de una bronconeumonía, lo que supuso para Joseph el comienzo de sus problemas.

Su padre se volvió a casar con una viuda que tenía dos hijos. La madrastra comenzó a maltratar y humillar a Joseph, que pronto fue obligado a trabajar. Primero en una fábrica de tabaco, más tarde ayudando a su padre en la mercería, recorriendo las calles de Leicester, donde vivían con un carro cargado con los artículos de la tienda de su progenitor.

En la adolescencia su cuerpo seguía deformándose. Su aspecto ya comenzaba a infundir temor y rechazo entre sus vecinos.

Joseph terminó escapando de su casa con 15 años y con sus pocas pertenencias. Para ganarse la vida continuó vendiendo artículos por las calles hasta que su tío, alertado por la precaria situación que padecía su sobrino, lo recogió en su casa durante un par de años.

Los problemas de Merrick continuaron. Una gran protuberancia le comenzó a crecer en un lateral de la cara, que le impedía hablar y comer con normalidad. Aquella malformación tenía forma de trompa de elefante (de ahí su apodo) y aunque fue operada continuó con su aspecto siniestro, hecho que lo empujó a pensar que jamás podría conseguir un empleo normal con el que ganarse la vida y así comenzó a barajar la posibilidad de exhibirse en algún circo.

Por aquellos tiempos llegó a Leicester uno de los más importantes promotores de espectáculos, Sam Torr, y Merrick se puso rápidamente en contacto con aquel hombre con el que se exhibiría por todo el país.

El bautizado como hombre elefante cambió de promotor. Esta vez su «dueño» era un empresario llamado Tom Norman y con él marchó a Londres, donde sería expuesto en un local frente al Hospital Real. Allí lograría llamar la atención de un famoso doctor especializado en enfermedades deformantes. El médico, Frederick Treves, consiguió permiso del promotor para examinar a Merrick y lo hizo en varias ocasiones.

El empresario Tom Norman no sería el último *dueño* del hombre elefante. Todos los lugares en los que Merrick era expuesto terminaban cerrados por considerar las autoridades que su exhibición era indecente y de suma dureza. Por este motivo, terminó siendo vendido a un promotor italiano que planeó para Joseph una gran gira por toda Europa.

Comenzaron las exhibiciones en Bélgica sin sospechar que las legislaciones europeas en este tipo de materias eran más duras que las inglesas. No había ciudad en la que durara más de dos días el espectáculo abierto. Esto hizo que Merrick fuera abandonado en Bruselas. Sin dinero y sin ayuda, estuvo vagando por las calles de la capital hasta que mendigando pudo sacar el dinero suficiente para pagarse un pasaje de la peor clase en un carguero que lo llevaría de regreso a Londres.

Al llegar a su tierra descubrió horrorizado que la gente lo increpaba y lo insultaba. Asustado y atemorizado, era incapaz de encontrar un lugar seguro donde no fuera vapuleado. Iba de tumulto en tumulto hasta que la policía terminó deteniéndolo por escándalo público. En el interrogatorio Merrick sólo consiguió decir el nombre del médico que tiempo atrás lo había examinado. Las autoridades localizaron al doctor que, conmovido, se hizo cargo de aquel pobre chaval tembloroso al que todos evitaban y al que trataban peor que a un animal salvaje.

Frederick Treves intentó conseguir una solución digna para la vida de Joseph. Procuró buscarle acomodo en el hospital pero fue imposible, no se aceptaban enfermos crónicos. Fue entonces cuando al doctor se le ocurrió la idea de solicitar ayuda económica para Merrick a través de un anuncio en el periódico.

La respuesta fue un éxito y pronto hubo una importante suma de dinero, la suficiente como para que a Joseph Merrick se le habilitaran dos habitaciones en el hospital londinense.

Fue la etapa más feliz de su vida. A pesar de todos los sufrimientos y de los malos tratos recibidos Merrick era una persona afable y de refinados modales y pronto se ganó las simpatías incluso de la princesa de Gales, que en alguna ocasión acudió a visitarlo. Pasó los últimos días de su corta vida entretenido con lo que más le gustaba: leyendo novelas, escribiendo y fabricando cestos de mimbre (una de sus mecenas le consiguió un maestro cestero que acudió al hospital a enseñarle). Merrick aprendió rápidamente y pasaba horas y horas entretenido en esta labor. Luego regalaba las cestas que realizaba a las personas que mejor le caían o que más simpáticas se mostraban con él.

A los 27 años Joseph Merrick, el hombre elefante, fue encontrado muerto en su habitación la mañana del 11 de abril de 1890. La defunción pudo deberse a una lesión cervical producida por el excesivo volumen y peso de su cabeza, que no le permitía dormir acostado.

Merrick escribió en sus memorias su opinión de lo que en realidad había causado sus terribles deformaciones: «La deformidad que exhibo ahora se debe a que un elefante asustó a mi madre; ella caminaba por la calle mientras desfilaba una procesión de animales. Se juntó una enorme multitud para verlos y, desafortunadamente, empujaron a mi madre bajo las patas de un elefante. Ella se asustó mucho. Estaba embarazada de mí, y este infortunio fue la causa de mi deformidad».

Los que aseguran haberlo visto lo describen como una especie de orangután gigante con un denso pelaje blanco que habita en los bosques de la cordillera del Himalaya. Hay decenas de testigos que aseguran que el *Yeti* existe. Lamentablemente para los investigadores es la única prueba de su verdadera existencia.

Los orígenes de la leyenda podrían adjudicarse a un grupo de científicos ingleses que acudieron al Tíbet en 1921 para intentar ascender al Everest. A su regreso aseguraron haber divisado al abominable hombre de las nieves. A partir de ese momento numerosos exploradores, montañeros y lugareños comenzaron a difundir la leyenda del misterioso animal.

Han sido muchas las expediciones que han tratado de investigar la existencia del *Yeti*. La primera la realizó en 1929 Kermit Roosevelt junto a su hermano Theodore. Atravesaron la cordillera del Himalaya en búsqueda de animales singulares, como *Yeti* o *Big Horn* (una cotizada oveja salvaje de grandes cuernos). Al terminar su aventura Kermit escribió el libro *Al este del Sol y al oeste de la Luna*.

Más tarde escaladores como Edmun Hillary (que organizó en 1960 una expedición tras los pasos del animal) o el español César Pérez de Tudela han asegurando haberse encontrado frente al *Yeti* pero por desgracia sólo nos queda eso: ¡testimonios!

Mokele Mbembe, el monstruo africano

La tradición oral africana se ha encargado de pasar de generación en generación esta leyenda que cuenta la existencia de un terrible animal, de tamaño superior al de un elefante, de color grisáceo y con un cuello largo y flexible. Un monstruo parecido a un dinosaurio que, según algunas tribus africanas, ha sido visto sobre todo en zonas pantanosas cerca de la República Popular del Congo.

El primer testigo del que existe documentación fue el escritor y naturalista inglés Ivan T. Sanderson, que en 1932 aseguró haberse encontrado frente a un terrible animal mientras navegaba por el río Mainyu en el África ecuatorial occidental, una zona pantanosa a la que pocos exploradores habían accedido. En ese inexpugnable lugar el naturalista inglés observó horrorizado cómo surgía de las aguas un animal enorme con un gran cuello. Un ser parecido a una foca de enormes dimensiones. Los indígenas que lo acompañaban salieron huyendo al grito de «Mokele-Mbembe». Cuando interrogó a aquellos hombres horas después, le contaron que el monstruo había sido visto en numerosas ocasiones y que era temido por su fiereza por hipopótamos o cocodrilos.

Han sido varias las expediciones que han intentado localizar rastros de este impresionante animal. Las más conocidas se llevaron a cabo en 1980 y 1981 por el profesor de zoología Roy Mackal, de la Universidad de Chicago, que no encontró ninguna evidencia probatoria de la existencia del extraño monstruo aunque fotografiaron una pista abierta entre la vegetación por algún animal acuático. También en 1985 y 1992 el explorador británico Bill Gibbons intentó encontrar más pruebas.

Una de las últimas expediciones fue realizada por un equipo de investigadores japoneses entre marzo y abril de 1988. Los científicos llegaron a la región de Likuala siguiendo los testimonios de varios lugareños y algún cazador de elefantes. Tampoco pudieron conseguir pruebas de la existencia de Mokele.

Encontrar para este caso una explicación científica aceptable puede ser relativamente sencillo: al tratarse de una zona bastante inaccesible es posible que se haya reproducido alguna especie no conocida perteneciente al grupo de los reptiles. Es sabido que algunos reptiles, como el dragón de Cómodo, pueden llegar a medir más de tres metros y poseen también un cuello alargado y unas poderosas garras que podrían asemejarse a la descripción de los testigos.

El chupacabras

La leyenda de este terrible animal capaz de acabar con el ganado extrayendo toda su sangre, como si de un macabro vampiro se tratara, comenzó en 1992, cuando la prensa de Puerto Rico alertaba, en grandes titulares, sobre la matanza de varios animales como pájaros, cabras o incluso caballos producida por lo que los diarios bautizaron como «el vampiro de Moca».

Todos los animales muertos presentaban los mismos síntomas: solían tener un agujero profundo en su cuello y los cuerpos curiosamente no habían sido ni destrozados ni arrancados. Como siempre que ocurre un suceso de estas características, empezaron a sucederse con posterioridad en otras zonas e incluso en otros países del área, como Bolivia, Chile o Santo Domingo. También comenzaron las divagaciones y las hipótesis, fueron multitud las que circularon: desde que se trataba de una terrible banda de psicópatas realizando algún extraño ritual, pasando por horribles monstruos inventados o incluso alienígenas venidos de otra galaxia pero sedientos de sangre. En México, donde se registraron numerosas muertes, principalmente de cabras, comenzó a circular la extraña historia relacionando al ex presidente Carlos Salinas de Gortari con aquellas curiosas matanzas.

Como en otros casos parecidos, aparecieron una gran cantidad de testigos que aseguraban haber visto un animal no demasiado grande, de color verdoso, en algunos casos con piel escamosa y grandes ojos saltones. Otros testimonios hablan de algo más parecido a un perro, con grandes ojos, enormes colmillos y patas similares a las de un canguro.

Lo más curioso es que en todos los cuerpos de los animales asesinados que se encontraron no había signos de descuartizamiento por lo que rápidamente se descartaron los animales depredadores, que fue la primera posibilidad con la que trabajaron los investigadores.

¿Cuál sería la explicación más lógica? Los científicos todavía no tienen ninguna respuesta concreta. Los estudios que se han podido realizar no demuestran que a los animales asesinados se les hubiera extraído toda la sangre e incluso las pruebas de ADN que se han realizado a algunos cadáveres han concluido que los animales habían sido atacados por otras presas, posiblemente perros. De hecho, a finales de la década de 1990 varios científicos ofrecieron una recompensa de quince mil dólares a quien pudiera aportar alguna prueba evidente de la existencia del terrible monstruo y todavía nadie se ha presentado a reclamar tan jugosa cantidad.

LAS HORMIGAS BUSCADORAS DE ORO

Relata por primera vez la historia de este curioso animal el historiador griego Herodoto (484-425 a.C.): «Como una especie de hormigas gigantes, mayores que un zorro pero más pequeñas que un perro. Estas curiosas criaturas tienen sus madrigueras bajo el suelo. Para hacer sus nidos excavan en la tierra y luego la amontonan fuera al igual que las hormigas que nosotros conocemos. Como las tierras en las que habitan poseen un rico contenido en oro, estas hormigas se encargan de sacarlo de las profundidades. Los indios asentados en las cercanías roban esta arena cargada de oro y comercian con ella».

Herodoto situaba el lugar geográfico exacto donde vivían las hormigas gigantes buscadoras de oro: «En la zona fronteriza a la ciudad de Caspatiro y a la provincia Pactica, y situada hacia el Bóreas al Norte, con un modo de vivir parecido al de los Bactrianos, estos indios y sobre todo los guerreros más valientes, son los encargados de la conducción y extracción del oro citado. Ésta es una zona donde el oro se encuentra en gran cantidad, bien en las minas, arrastrado por los ríos o robado a las hormigas».

Pero no fue hasta 1980 cuando se consiguió saber con certeza a qué animal se refería el sabio Herodoto. El antropólogo y explorador francés Michel Peissel, gran conocedor de la cordillera del Himalaya, comenzó a investigar qué había de cierto en aquella antigua leyenda. Lo primero que hizo fue localizar la zona descrita por el historiador griego. Se trataba de la llanura de Dansar, una zona prácticamente inaccesible en tierra de nadie, en la frontera indopaquistaní. De ahí la explicación de que ninguna expedición con anterioridad hubiera podido llegar hasta la zona.

Lo más apasionante de la investigación fue descubrir que las hormigas gigantes a las que se refería Herodoto eran en realidad marmotas y más concretamente una variedad de la marmota asiática bautizada como marmota bobak. Un animal que, como describía el historiador, era «mayor que un zorro pero más pequeño que un perro». También en la forma de excavar coincidían estas marmotas. Estos curiosos animales perforaban profundos agujeros en el fondo de la tierra para construir su madriguera y para ello extraían la tierra que amontonaban a ambos lados formando grandes montones de arena.

Los animales... ¡Al banquillo!

Los animales han tenido y tienen un gran protagonismo en nuestras vidas. Hasta hace bien poco eran casi más importantes que algunos miembros de la familia. De su carne o de su leche vivían varios miembros de la familia y de ahí que en la Edad Media fueran considerados casi como uno más del núcleo familiar. Por este motivo no es extraño que en esa época cualquiera que robara o asesinara a un animal de una granja pudiera ser juzgado y lo más curioso es que si una bestia cometía un delito también podía ser juzgada. Enumeramos algunos ejemplos.

La cerda de Falaise

A principios de 1386 se ejecutó en Falaise (Normandía) una extraña sentencia que tenía como protagonista a una cerda de unos tres años acusada de haber asesinado a un niño pequeño. Al parecer, sorprendieron a la gorrina cuando se había comido un brazo y parte de la cara del pequeño.

El animal fue juzgado, condenado y encarcelado hasta su ejecución en la plaza pública ante la atenta mirada del vizconde de Falaise, que ordenó a sus granjeros que acudieran con sus puercos para presenciar el escarmiento y para que de este modo *aprendieran* las consecuencias que podía acarrear un delito de estas características.

Aunque parezca increíble, se vistió a la cerda para la ejecución con ropas de mujer, un verdugo le seccionó el morro y después se la ahorcó. Una vez muerta, se la arrastró por la plaza y finalmente fue quemada en una hoguera. ¡Todo un escarmiento!

Pero no fueron sólo los cerdos los únicos animales a los que se juzgaba y condenaba. También por los tribunales pasaron bueyes acusados de cornear a sus amos, perros rabiosos o caballos desbocados. Obviamente en los juicios los animales tenían muy pocas posibilidades de declararse «inocentes» aunque existe un caso documentado en el que los animales juzgados se libraron de la ejecución.

El juicio se llevó a cabo en 1379 en el pueblo belga de Saint-Marcel-le-Jeussery. En el banquillo de los acusados estaba una jauría de perros hambrientos, entre los que se encontraban varios cachorros, que atacaron la casa de un lugareño y acabaron con la vida de su hijo pequeño. Se condenó a los perros a que fueran ejecutados pero la intervención del sacerdote local, Huber de Poitiers, que alegó que los perros más pequeños habían sido malcriados por los canes adultos, propició que los cachorros se libraran de la muerte.

Animales excomulgados

Tampoco los animales se han escapado al castigo de la Iglesia. En 1120 el obispo de Barthélemy excomulgó a los ratones de campo y a las orugas que habían invadido las plantaciones francesas. Por si esto no hubiera sido suficiente al año siguiente también excomulgó a las moscas.

En 1516 el obispo de Troyes, Jacques Ragier, ordenó públicamente a los saltamontes que abandonaran su diócesis en el plazo de una semana bajo castigo de excomunión. También en la diócesis de Valencia en 1543 se proclamó algo parecido contra las babosas y en 1585 en la de Grenoble contra las orugas.

Prohibido beneficiarse a una oveja

No hay ninguna duda de que los animales también tienen que ser protegidos de sus amos. Existe un juicio documentado de un negociante de vinos francés, Michel Morin, al que su mujer denunció en 1553 por haber comprado una oveja con el propósito de abusar sexualmente de ella. El boticario amigo de la mujer declaró que el comerciante le había asegurado «preferir a la oveja antes que a la mujer». El hombre fue arrestado y, tras haber sido torturado y seguramente evitando un mayor sufrimiento, confesó haber comprado la oveja para tan lascivos fines pero no haberlos llevado a cabo.

El comerciante fue ahorcado y quemado junto a la oveja y todos sus bienes pasaron a ser propiedad de la mujer, que a los dos años se casó con el boticario. ¿Sospechoso?

La elefanta electrocutada

Así terminó sus días *Opsy*, una elefanta que nació en 1875 dentro del Circo Forepaugh. Allí pasaría toda su vida soportando todo tipo de abusos y vejaciones. La elefanta era domesticada por un domador que la maltrataba a base de palizas en las que no faltaban cadenas o palos con clavos para que el castigo fuera más enérgico. Aquel individuo tenía un extraño gusto: le encantaba que la asustada elefante fumara puros habanos.

No es extraño que un día y tras recibir una brutal paliza por parte de su entrenador borracho perdiera la cordura y arremetiera salvajemente contra varios operarios del circo. *Opsy* mató a tres hombres, entre los que se encontraba su cuidador.

Las autoridades debatieron cómo castigar al animal y decidieron acabar con su vida. En un principio se planteó ahorcarla pero las protestas de la ASPCA (American Society for the Prevention of Cruelty to Animals) consiguieron que se planteara otra ejecución más digna. Finalmente se pidió consejo a Thomas Edison, que sugirió que la manera menos cruel de acabar con la vida del animal sería electrocutarla.

El 4 de enero de 1903 se le sirvió su última cena con su plato favorito (según obligan las leyes estatales). Un gran plato de zanahorias rellenas con medio kilo de cianuro de potasio. A continuación se la sometió a una corriente de seis mil seiscientos voltios que acabarían con su vida en menos de un minuto. La terrible ejecución fue seguida en directo por mil quinientas personas.

Se erigió un monumento en su honor en el Museo de Coney Island el 20 de julio de 2003.

La elefanta ahorcada

Lamentablemente *Opsy* no sería el único elefante ejecutado. La historia nos ofrece algún caso aún más terrorífico, como el que sucedió años después con *Mary*, una elefanta asiática que trabajaba en el Circo Sparks World Famous Shows.

La elefanta, que también recibía maltratos por parte de sus cuidadores, arremetió en un ataque de ira contra un ayudante novato que había contratado el circo y que al parecer, intentando recriminar al animal, comenzó a golpearla con un palo en las orejas. El herrero del circo que observó el ataque quiso tomar protagonismo y disparó en doce ocasiones contra el animal pero su curtida piel fue un muro impenetrable. La elefanta, enfurecida, intentó revolverse contra todo el personal y el público que había acudido a la representación.

Pronto *Mary* comenzó a ver crecer su fama, también se empezaron a rumorear historias como que en años anteriores había asesinado a varios hombres. Los vecinos y los empleados del circo exigieron la ejecución del animal y el dueño del circo, presumiendo que aquello podía ser un gran negocio, decidió ejecutarla en un evento de pago.

El 13 de septiembre de 1916 la elefanta fue trasladada hasta un complejo ferroviario en Erwin (Tennessee). El empresario había conseguido vender dos mil quinientas entradas para ver la ejecución del enorme animal.

Para acabar con la vida de la elefanta decidieron ahorcarla con una cadena que colgaba de una grúa utilizada en la estación ferroviaria. El peso del animal hizo que el primer intento fuera fallido al romperse la cadena. La elefanta se desplomó en el suelo, lo que le provocó la rotura de las patas traseras. Más de media hora estuvo el pobre animal lanzando quejidos y soportando el dolor. Finalmente, en un segundo intento y tras diez minutos de agonía, murió asfixiada en la horca.

LOS ANIMALES ESPACIALES

Muchos han sido los animales que han atravesado la atmósfera y se han convertido en auténticos héroes espaciales. Fueron los conejillos de Indias de la carrera hacia el espacio exterior. Seres vivos con los que experimentar sin poner en peligro la vida de seres humanos, una responsabilidad que ningún gobierno estaba dispuesto a asumir.

Como en el resto de la carrera espacial, los rusos llevaban ventaja a los americanos y fueron los primeros en plantearse enviar a un animal dentro de un cohete espacial. La elegida para la gloria sería una perrita que pasaría a la historia.

La perrita Laika

Pese a que pueda sorprender, el animalito no era un perro de pura raza y ganador de concursos caninos. Se trataba de un perro callejero llamado *Kudriavka* («rizada», en ruso) que vagaba por las calles de Moscú. Los responsables de la misión consideraban que un perro acostumbrado a subsistir en condiciones extremas tendría más posibilidades de supervivencia que otro habituado a las comodidades de un confortable hogar.

Para su viaje espacial la perrita fue duramente entrenada. Era imprescindible acostumbrarla a las incomodidades del pequeño habitáculo; de hecho, se la fue habituando a jaulas cada vez más pequeñas hasta llegar al tamaño diseñado para ella en el *Sputnik 2*, la nave que la transportaría hasta el espacio (una cápsula cónica de cuatro metros de alto, una base de dos metros de diámetro y quinientos ocho kilos de peso).

Dentro de esa impresionante nave existían varios compartimentos donde se transportaron transmisores de radio, diversos aparatos de medición, instrumental científico y el compartimento que alojaba a nuestra perrita (una cabina presurizada de forma cilíndrica y que medía cien centímetros de largo por ochenta de ancho), donde tendría espacio para mantenerse en pie, sentada o tumbada, pero iría encadenada para no ser golpeada tras la ausencia de gravedad. *Laika* viajaría enfundada en un traje especial cubierto con sensores cuya función era transmitir su ritmo cardiaco, su presión arterial y su frecuencia respiratoria, y expuesto ante una cámara de vídeo. También se acostumbró a la perrita a la comida y a la bebida que le llegaría durante el viaje espacial en forma de gelatina.

El 3 de noviembre de 1957 a las 19.12 horas Rusia anunció al mundo entero el lanzamiento de la nave *Sputnik 2*. En una cabina sellada y separada viajaba la perrita. Era la primera vez en la historia que un ser vivo viajaba al espacio y la operación se culminó con éxito; nuevamente volvía a colgarse una medalla en esta carrera espacial.

Pero el resultado no fue tan espectacular como se quiso vender: los responsables de la misión aseguraron, durante las primeras horas de vuelo, que la perrita *Laika* se encontraba en perfectas condiciones, que sus constantes vitales eran buenas y que pronto regresaría a la Tierra dentro de la nave y, con posterioridad, en un paracaídas con el que se posaría con suavidad en el suelo. De hecho, muchos rusos estuvieron mirando al cielo sin descanso, intentando localizar el habitáculo que devolvería a *Laika* sana y salva.

La realidad de lo que vivió en el espacio la perrita se descubrió mucho tiempo después, en el Congreso Espacial Mundial que se celebró en 2002. Allí el científico ruso Dimitri Malashenkov informó de que realmente *Laika* murió pocas horas después del inicio de aquella misión. Un fallo en el diseño del artefacto no permitió que se separara la última etapa del cohete y *Laika* tuvo que soportar una humedad altísima y temperaturas superiores a los cuarenta grados, condiciones que acabaron con la vida del animal entre cinco y siete horas después del inicio del vuelo.

Laika fue el primer y último animal lanzado al espacio sin la seguridad total de su regreso. Los rusos tomaron a la mascota casi como a un héroe humano y en todo el mundo se crearon sellos con su imagen. En 1997 se erigió un monumento en homenaje a los pioneros de la historia astronáutica rusa. *Laika* también está representada: se la ve espiando entre las piernas de uno de los cosmonautas. También tiene su propio monumento cerca de una instalación de investigaciones militares en Moscú, donde se preparó su lanzamiento. La escultura muestra a una perra parada sobre un cohete.

Más perros al espacio

La muerte de *Laika* no desanimó a los investigadores rusos, que ya planeaban enviar nuevos animales hacia el espacio. Las siguientes mascotas elegidas para la gloria fueron dos perras llamadas *Bars* y *Lisichka*, que lamentablemente sufrieron la misma suerte que *Laika*: fallecieron el 28 de julio de 1960 al explotar su nave durante el ascenso.

Con las dos siguientes, *Belka* y *Strelka*, hubo más suerte y, en agosto de 1960, orbitaron la Tierra y esta vez sí que regresaron

185

con éxito; en el paseo espacial no iban solas, pues las acompañaban cuarenta ratones, dos ratas y algunas variedades de plantas. La perrita *Strelka* tuvo tiempo después para parir seis cachorros, uno de ellos fue regalado a Carolina Kennedy (hija del presidente John F. Kennedy) por su homólogo Nikita Kruschev.

A continuación los soviéticos enviaron al espacio en el *Sputnik 6* a las perritas *Pchelka* y *Mushka* aunque, debido a un error en el cálculo de entrada, la cápsula que las transportaba se incineró con ellas dentro.

Hay muchos más nombres de perros asociados a los lanzamientos rusos: *Damka, Krasavka, Chernushka* (que llevó como copilotos a un ratón y a un cerdo de Guinea), *Zvezdochka* (a la que acompañó un maniquí de cosmonauta fabricado en madera), o *Verterok* y *Ugolyok*, que orbitaron veintitrés días en el espacio y regresaron sanos y salvos.

Llega el turno de los monos espaciales

Mientras en Rusia los elegidos para los viajes espaciales eran los perros, Estados Unidos se decantaba por los monos; en concreto, por los macacos.

El primero en subir al espacio, a bordo de un cohete V (el elegido por la NASA para los primeros viajes espaciales), fue un macaco rhesus bautizado como *Albert I*. No pudo tener peor desenlace su historia porque murió asfixiado, a los pocos minutos de su lanzamiento, el 11 de junio de 1948. Justo un año después *Albert II* se convirtió en el primer mono que visitaba el espacio exterior, y alcanzó una altura de ciento treinta y tres kilómetros. No les iría tan bien a *Albert III* y a *Albert IV*, pues ambos murieron intentando emular la hazaña de sus predecesores.

La lista de primates que viajaron al espacio o al menos lo intentaron es enorme: *Albert V* y *VI, Patricia* y *Mike, Gordo, Able, Ham, Enos*... Pero no sólo se han lanzado perros y monos; en la conquista del espacio se han utilizado ratones, gatos, cerdos, conejos, arañas, grillos, gusanos y otros insectos, además de un pez, caracoles, huevos de rana, microorganismos y plantas.

En la actualidad la Estación Espacial Internacional sigue recibiendo estos curiosos visitantes para participar en investigaciones imprescindibles y que contribuyen en gran medida al avance tecnológico en la Tierra; por ejemplo, estudios tan interesantes como el que se llevó a cabo con varios embriones de salamandra, tratando de conocer si el sistema inmunitario se altera en estado de microgravedad.

Podríamos definir la clonación como el proceso científico que se utiliza para conseguir copias idénticas de un organismo ya «desarrollado» y de forma «asexual». He destacado «desarrollado» porque obviamente a la ciencia le interesa clonar un animal cuyas características ya se conocen y que son las que se supone se desea traspasar a otro; y «asexual» porque la reproducción sexual, debido a su misma naturaleza, no permite obtener copias idénticas.

Hoy en día es posible obtener copias de un gran número de animales pero, sin duda, uno de los animales clonados más famosos fue la oveja *Dolly*.

La famosa oveja fue el primer mamífero clonado a partir de una célula adulta y fue concebida en el Roslin Institute de Edimburgo (Escocia) el 5 de julio de 1996. Sus artífices fueron los científicos Ian Wilmut y Keith Campbell, que no reconocieron la existencia del animal hasta siete meses después, justo el tiempo que necesitaron para registrar la patente de la técnica utilizada.

Dolly era aparentemente una oveja absolutamente normal aunque se ha sabido que nació con algunas anomalías cromosómicas, de ahí que tuviera un envejecimiento acelerado.

Nuestra oveja clonada vivió siempre en el Roslin Institute, donde se la cruzó con un macho de la raza Welsh Mountain. De la unión nacerían un total de seis crías.

La primera se llamó *Bonnie* y nació en abril de 1998. Un año después tendría mellizos y en el siguiente parto sorprendería con trillizos.

Por desgracia *Dolly* comenzó a desarrollar con cinco años artritis (la edad media de un animal de esta raza se sitúa en torno a los doce años), que le impedía moverse con naturalidad y a los seis años tuvo que ser sacrificada debido a la complicación de una enfermedad progresiva pulmonar.

Falleció el 14 de febrero de 2003 y se convirtió en un animal famoso que ya está en la memoria de todos. Su vida significó una gran contribución a la ciencia y un enorme desarrollo en la investigación genética.

8

Espías históricos

Uno se los imagina sigilosos, cautos, bien preparados, de complexión atlética y dispuestos a desenvolverse en las peores situaciones, pero no siempre ha sido así. La historia del espionaje incluye una larga lista de personajes curiosos que nada tienen que ver con el perfil apuntado anteriormente.

Sería complicado saber cuál ha sido el primer espía de la historia aunque es probable que este papel lo desempeñaran los primeros moradores humanos, posiblemente apostados entre los árboles, vigilando alguna presa que cazar e informando al resto del grupo.

Es lógico pensar también que los clanes mandarían emisarios a sus vecinos para conocer sus costumbres o cómo desarrollaban ciertas técnicas para luego copiarlas y aventajarlos en posibles batallas o enfrentamientos, tal y como se hace hoy en día con el espionaje industrial, médico, militar o farmacéutico.

La gran pantalla se ha encargado de que olvidemos a los primeros y que en nuestra mente quede el genuino espía británico: James Bond. Este personaje ha quedado grabado en la historia moderna posiblemente como el icono y la referencia de los espías en todo el mundo, pero en este capítulo vamos a conocer historias mucho más curiosas.

El primer espía documentado

Para encontrarlo deberíamos bucear en el Antiguo Testamento. En las sagradas escrituras se narra que Josué quiere conquistar Jericó (ciudad amurallada y bien protegida cerca del mar Muerto, a treinta kilómetros de Jerusalén) y para ello solicita a dos de sus lugartenientes que avancen hasta esa ciudad para estudiar a los ejércitos enemigos, la mejor posición y la posible estrategia para invadir la ciudad.

Los dos espías emprendieron su viaje y se cobijaron en casa de una prostituta seguramente con al intención de sacarle el máximo de información. Rahab, que así se llamaba la meretriz, les ofreció cobijo y contribuyó a que los dos emisarios pasaran inadvertidos durante sus días de espionaje. Como premio, los espías prometieron a Rahab respetar su vida y la de su familia descolgando una cuerda roja de la fachada de su casa para que todos estuvieran avisados de que debían respetar aquella morada. La única condición era que no lo contaran a nadie y que todos permanecieran dentro de la casa.

A los tres días Josué y sus ejércitos cruzaron el río Jordán, tomaron a sangre la ciudad de Jericó y la dejaron arrasada. Todos sus habitantes e incluso los animales fueron pasados a cuchillo y la ciudad fue quemada pero respetando la vida de Rahab y de su familia, que habían ayudado a los dos primeros espías de la historia.

Hay un dato curioso que añadir: en 1989 en la República Federal Alemana se bautizó como «Rahab» a un servicio de inteligencia creado para acabar con la incipiente piratería informática.

UNA OBSESIÓN HISTÓRICA: CIFRAR LOS MENSAJES

Desde la más remota antigüedad el ser humano ha tratado de espiar a sus adversarios y han sido numerosos los métodos utilizados para transmitir o descifrar mensajes.

Sabemos, por ejemplo, que los babilonios ya utilizaban métodos criptográficos en su escritura cuneiforme para esconder algunos textos sagrados. Esta práctica ha sido habitual a lo largo de la historia.

Los sacerdotes egipcios eran los únicos descifradores de la escritura jeroglífica; de este modo las oraciones o los cultos estaban reservados a unos pocos iniciados.

Sus vecinos hebreos también encriptaban sus escritos. El método que utilizaban era muy sencillo: simplemente invertían el alfabeto.

Los espartanos recurrían a un curioso método para cifrar sus mensajes: utilizaban un cilindro al que se enrollaba una tira de cuero llamado «cítale» o «escítala». Primero se enrollaba el cuero al cilindro y se escribía el texto elegido. Una vez escrito se desenrollaba de la vara, de este modo se obtenía un cuero con un montón de caracteres escritos sin sentido. Solamente si se volvía a colocar el cuero en un cilindro similar se podía leer el texto con coherencia.

La época de la Antigua Roma ha sido conocida por sus vaivenes políticos, por las conjuras, las traiciones o las conspiraciones que hacían necesario un buen método de encriptación para conspirar sin ser descubiertos. Julio César utilizaba para sus envíos secretos textos en los que la verdadera letra surgía tras retroceder tres letras en el alfabeto. Por ejemplo, si se quería transmitir la palabra «hola», en realidad se escribía «krod». Una vez que llegaba el mensaje al destino sólo tenían que restar tres letras del alfabeto para dar con la palabra buscada. Este método jamás fue descubierto por sus enemigos.

En todas las épocas se ha tratado de despistar al enemigo con complicados códigos que se fueron perfeccionando hasta convertirse en auténticos enigmas; muchos de ellos, aún sin resolver.

DE PROSTITUTA A EMPERATRIZ

Nos referimos a Escila, una de las más afamadas prostitutas de la época del emperador romano Claudio (10 a.C.-54 d.C.), al que dedicó sus servicios como confidente.

Al parecer nuestra protagonista conoció en una agitada noche a Mesalina (esposa del emperador), que, presumiendo de su reconocida ninfomanía, retó al gremio de las prostitutas de Roma a que compitieran con ella para dilucidar quién era la que podía acostarse con más hombres en una sola noche. Mesalina aprovechó un viaje del emperador para organizar la erótica competición. Las prostitutas nombraron como representante de su gremio a una siciliana llamada Escila, la más famosa de la época. Al evento acudieron muchos hombres importantes de la Corte deseosos de presenciar e incluso de participar en aquella alocada competición que se llevó a cabo en palacio.

Al llegar la noche Mesalina y Escila comenzaron a tener relaciones. Al llegar a las veinticinco Escila se retiró y dejó triunfadora a Mesalina, que no contenta con superar la cifra de su rival siguió fornicando hasta el amanecer. Se cuenta que tuvo más de doscientas relaciones seguidas.

Lo que Mesalina jamás llegó a saber es que al parecer Escila había sido alertada por el emperador Claudio de que, si ganaba esa noche a su mujer, ésta ordenaría su ejecución. Por eso decidió darse por vencida ni demasiado pronto (como para levantar sospechas) ni demasiado tarde, lo que hubiera significado su muerte.

Escila, agradecida, se convirtió en espía y confidente del emperador. Gracias a ella Claudio pudo saber a tiempo que su mujer tramaba una conspiración para acabar con su vida. Mesalina, por orden del César, fue decapitada a golpe de espada por un centurión.

La Santa Alianza, los espías del Papa

La Santa Alianza fue el primer nombre que se le asignó al servicio secreto vaticano, unos agentes reclutados para defender los intereses del catolicismo en cualquier rincón del mundo. Al menos ésos eran sus objetivos iniciales.

Fue creada en 1566 por orden del papa Pío V, que confió en el cardenal Marco Antonio Maffei como responsable de este nuevo servicio secreto que con el tiempo llegaría a denominarse La Entidad.

La primera misión que se encomendó al cardenal Maffei fue luchar con todos los medios posibles contra el protestantismo que en aquellos tiempos comenzaba a preocupar a Pío V. El primer enemigo al que había que enfrentarse era la reina Isabel (1533-1603), hija de Enrique VIII y Ana Bolena. Maffei puso a trabajar a sus hombres y así enviaba con rapidez toda la información que le llegaba a los monarcas afines que luchaban por restaurar el catolicismo.

Al final lo consiguieron gracias a María Tudor aunque para ello la nueva reina de Inglaterra tuviera que llevar a la hoguera a cientos de obispos protestantes. Los cinco años de mandato de la bautizada como María *La Sanguinaria* fueron un auténtico desconcierto repleto de conspiraciones, ejecuciones, asesinatos, conjuras y conflictos internos.

A partir de esos primeros años la Santa Alianza continuó bajo el mandato de los sucesivos Papas como baluarte de la defensa de los intereses religiosos, políticos y económicos del país más pequeño del mundo.

Hoy en día la Iglesia católica tiene el enorme privilegio de tener a miles de sacerdotes y altos cargos de la Iglesia distribuidos por todos los rincones del planeta. Religiosos en contacto con las realidades políticas y religiosas de los países en los que se encuentran y que son la primera y más valiosa fuente de información que poseen.

Toda esta poderosa documentación se clasifica y se realizan informes secretos que el Prefecto, que es quien dirige La Entidad, reporta directamente al secretario del Estado Vaticano que, si lo cree necesario, informa al Sumo Pontífice.

FELIPE II, EL REY DEL ESPIONAJE

El rey Felipe II (1527-1598) puede ser considerado como el precursor de los servicios de información españoles. Su obsesión por conocer todo lo que ocurría en su vasto imperio provocó la creación de una amplia red de informadores que trabajaban al servicio de la corona española en todos los países europeos. El monarca desvió una importante cantidad de recursos económicos y humanos para crear lo que sería la más compleja y mejor organizada red de espionaje.

Para que nos hagamos una idea del presupuesto que suponía para la corona española tal cantidad de agentes e informadores baste comparar lo que se gastaba el Gobierno inglés en aquel momento para su servicio de información: Francis Walsingham (1530-1590), secretario de Estado inglés, gastó entre 1582 y 1589 aproximadamente unos dieciséis mil ducados de la época. Esta cantidad es la que gastó sólo Bernardino de Mendoza (1540-1604), que en aquellos años estaba destinado como embajador español en París, en informadores y espías en tan sólo seis meses. ¡Un solo embajador gastaba en seis meses lo mismo que todo el Gobierno inglés en seis años!

En el nivel más alto del organigrama se encontraba la cúpula directiva, presidida por el propio monarca y un reducido número de asesores y hombres de su confianza (secretarios y consejeros de Estado). El rey designaba a un miembro del consejo como espía mayor y superintendente de correspondencia secreta. Este cargo tenía como misión coordinar a los embajadores.

A continuación estaban los embajadores, que cumplían la misión de ser los ojos y los oídos de Felipe II en la Corte extranjera. Se encargaban de distribuir las ayudas económicas y de transmitir la información aportada por los jefes de espías, que tenían al mando numerosos informadores.

En el penúltimo puesto del organigrama se situaban los espías. Un nutrido número de informadores entre los que se encontraban funcionarios, militares, sacerdotes e incluso hombres de negocios que entregaban las informaciones recogidas a sus jefes más directos. Estos espías siempre tenían a su servicio a confidentes (el último escalafón) reclutados entre camareros, prostitutas y ciudadanos de a pie dispuestos a pasar información a cambio de una sugerente suma de dinero.

Para que toda la documentación espiada llegara a su destino hacía falta un buen grupo de correos capaz de recorrer grandes distancias para cumplir su cometido. Estos funcionarios poseían inmunidad diplomática; pese a ello, a menudo eran interceptados, robados y asesinados.

Toda esta amplia red de informadores creada por la corona española necesitaba un sistema secreto de comunicaciones. En primer lugar se comenzó a utilizar los mensajes cifrados. El embajador escribía el informe con un código secreto que sólo conocían en el Consejo de Estado. Una vez traducido y estudiado se quemaba para no dejar constancia de la información.

Los métodos se fueron perfeccionando y pronto los informes llegarían ocultos en tinta invisible. El texto que se deseaba camuflar era escrito con sulfato pulverizado y mezclado con agua mientras que se escribía sobre él con una solución de carbón de sauce con agua. Este segundo texto servía para no levantar sospechas y así se evitaba que el correo viajara con un papel en blanco. Una vez que el texto llegaba a su destino se frotaba el papel con una sustancia llamada «galla de Istria». De esta forma el texto oculto se hacía visible y el escrito con carbón se oscurecía.

En 1586 llegó hasta los oídos del Consejo que existía un caballero italiano capaz de escribir una carta con un texto tan diminuto que el escrito podía enrollarse y camuflarse dentro de un anillo. A partir de ese momento y estudiada la técnica, los espías españoles al servicio de Felipe II también utilizarían la llamada «escritura microscópica».

EL ESPÍA HERMAFRODITA

El protagonista de esta curiosa historia nació en Francia en 1728 y fue bautizado con el nombre de Charles-Geneviève-Louis-Auguste-André-Thimothée d'Éon de Beaumont. Es curioso que se le adjudicaran tres nombres de hombre y tres de mujer.

Carlos Genoveva tuvo una infancia normal. Estudió en buenos colegios y fue un alumno brillante que llegó a convertirse muy pronto en abogado. Destacó en el manejo de la espada y aunque en su rostro no lucía la barba, nadie ponía en duda que nuestro espadachín era un caballero dados sus refinados modales.

Con 27 años fue reclutado por el príncipe de Conti (mano derecha del rey Luis XV), que le encargó una misión secreta. Debía trabajar como espía del rey ante la zarina Isabel de Rusia. Se le encomendó que se ganara la confianza de la zarina sin que nadie sospechara. Asimismo debía conseguir restablecer las relaciones entre los dos países, rotas por la torpeza del anterior embajador.

Para que la operación fuera un éxito y dados los rasgos afeminados de Carlos Genoveva, el príncipe de Conti decidió que se disfrazara de mujer y así le proporcionó una nueva identidad. A partir de ese momento fue Lía de Beaumont y no le fue nada mal porque consiguió en poco tiempo convertirse en una de las mejores amigas de la zarina.

Al regresar de la misión en Rusia, Carlos Genoveva se encontró con que en la Corte parisina no dejaban de murmurar sobre su identidad sexual y que se planteaban la posibilidad de que el enviado especial fuera en realidad una auténtica mujer. Les extrañaba su aire lampiño, su delicada figura y sus exquisitos modales. ¿Cómo si no hubiera podido engañar a la zarina hasta en los momentos de mayor intimidad?

El caballero de Eón (así es como también se le llamaba), sin hacer caso de las murmuraciones, continuó con éxito sus labores de espionaje por Europa en varias misiones encomendadas por Luis XV en las que intercambiaba a su antojo los papeles de hombre y de mujer.

Llegó a convertirse en capitán de la Legión de Honor y fue galardonado con la Cruz de San Luis por su bravura. De momento las voces que insinuaban que Carlos Genoveva era una mujer se calmaron y en la Corte lo dejaron por algún tiempo tranquilo.

En 1762 fue enviado a Londres como secretario de la embajada francesa y allí, sin que ninguna misión se lo exigiera, comenzó a dejarse ver tanto con su aspecto masculino como con el femenino, lo que desconcertaba a todos los que lo conocían; de hecho, se empezaron a hacer apuestas sobre su verdadero sexo y se llegaron a jugar grandes cantidades de dinero. Al rey no le quedó otra alternativa que mandar un enviado especial para conocer la auténtica identidad sexual del caballero de Eón.

Al final, presionado y apoyado por varios médicos, Carlos Genoveva declaró ser más Genoveva que Carlos, es decir, reconoció ser mujer. El rey, indignado, lo obligó a no disfrazarse más de hombre y a ser mujer hasta la muerte. Sería a partir de ese momento mademoiselle de Eón. Ésta fue una decisión que no gustó demasiado al espía, pues ser mujer lo apartaba de la diplomacia, de los negocios y del ejército.

Acabaron las apuestas y todo volvió a la normalidad. Murió Luis XV y subió al trono Luis XVI. Mademoiselle de Eón intentó que el nuevo rey le devolviera su parte masculina pero sin ningún éxito. Carlos Genoveva se vio obligado a envejecer como mujer y nunca más se volvió a vestir de hombre.

La respetable anciana murió en Londres a los 80 años el 21 de mayo de 1810. Los médicos examinaron el cuerpo tras su defunción y comprobaron que Carlos Genoveva tenía los atributos masculinos. Nadie logró explicarse por qué el caballero de Eón aceptó terminar su vida como mujer y no retomó su auténtica personalidad. También se barajó la posibilidad de que Carlos Genoveva fuera realmente hermafrodita, lo cierto es que este espía francés se marchó a la tumba sin revelar uno de sus mayores secretos: su verdadera identidad.

ALÍ BEY, ESPIANDO EN LA MECA

Nos referimos a don Domingo Badia y Leblich, nacido en Barcelona el 1 de octubre de 1767. Desde muy joven se interesó por el estudio de las ciencias y destacó en geografía, astronomía o física aunque lo que en verdad le apasionaba era conocer en profundidad la lengua árabe, reto que muy pronto conseguiría.

Su facilidad por el estudio propició que con 14 años el rey Carlos III lo nombrara administrador de utensilios de la costa de Granada; a los 19, contador de guerra, y a los 26, bajo el reinado de Carlos IV, administrador de tabacos de Córdoba.

Pero sus inquietudes no pasaban por tener un cargo de funcionario y Domingo presentó a Manuel Godoy (entonces ministro del rey Carlos IV) un proyecto científico bautizado como Viaje a África, con el que pretendía trasladarse hasta algunos países del interior del continente africano. La corona española autorizó la financiación del viaje, pero, a cambio, pidió a Domingo que organizara una rebelión secreta contra el imperio de Marruecos. El investigador debía de orquestar el levantamiento contra el emperador, conseguir hacerse con el trono y ofrecérselo a la corona española.

Domingo Badia se tomó muy en serio su papel de espía de la corona. Para conseguir sus objetivos comenzó por cambiar su aspecto físico: se dejó crecer la barba, compró ropas morunas, se proveyó de documentos que acreditaran su pasado árabe e incluso se circuncidó. A partir de ese momento cambió su identidad por la de Alí Bey el Abbassi. Así describía el propio Domingo su transformación en una carta que envió a Antonio Rodríguez Salmón, cónsul de España en Tánger: «Para esas gentes yo seré un siríaco musulmán, educado en Europa desde muy niño, habiendo pasado mi tiempo en el estudio de las ciencias en Italia, Francia, España e Inglaterra, y retirándome ahora a los países de mi religión. La nobleza de mi familia y mi aplicación a las ciencias me han adquirido amigos en todas partes... casi he olvidado el idioma patrio, pero conservo las oraciones del Corán aprendidas de niño y siempre practicadas, y poseo las lenguas europeas. Tal es el romance que deberemos vender para lograr el gran objetivo de mi misión y nadie podrá identificar cosa contraria, pues desde Londres tomé el traje musulmán y en Cádiz nadie me conoce sino como tal».

Alí Bey llegó a Tánger el 29 de julio de 1803 en un viaje que duró seis años. Pronto se granjearía la amistad de los nobles de Marruecos e incluso la del propio sultán Muley Soulaiman, que lo adoptó casi como a un hermano y lo colmó de todo tipo de regalos. El monarca árabe le obsequió con un magnífico palacio cerca del suyo e incluso le envió un par de mujeres de su propio harén.

Este trato preferente que el monarca marroquí dispensaba a su emisario hizo que el rey Carlos IV reflexionara y decidiera que era mejor, por prudencia, no intervenir en la política del país africano y así ordenó a Alí Bey regresar a España, pero Godoy no tenía la misma opinión que el monarca y decidió que el espía español continuara su viaje africano. La operación pasó a ser «ultra secreta» y se mantuvo oculta incluso para el propio rey Carlos IV.

Alí Bey comenzó a enviar informes secretos a Godoy sobre la situación política y militar de la zona e intentó acercarse a determinadas tribus que se suponía opuestas al sultán. Muley Soulaiman, quizá alertado por los movimientos de su amigo, decidió, decepcionado, expulsar amablemente de Marruecos a su supuesto amigo, pero Alí Bey, en lugar de regresar a España, decidió viajar a la Meca, donde realizó los primeros dibujos del lugar santo, hasta ese momento desconocido para los occidentales.

Alí Bey regresó a Europa, primero a España y después a Francia, donde publicó varios libros contando sus hazañas. El primero se publicó en francés en julio de 1814 con el título de *Los viajes de Alí Bey el Abbassi por África y Asia durante los años 1803, 1804, 1805, 1806 y 1807*, tres volúmenes más un cuarto en el que se incluía un atlas con las láminas y los mapas realizados durante la travesía.

Cuatro años después y ya algo mayor decidió cambiar de nuevo de identidad con la intención de realizar otro arriesgado viaje. Para esta aventura pasó a llamarse Alí-Othman. La muerte le sobrevino cuando se encontraba en Jordania al parecer por alguna enfermedad incubada durante alguno de sus viajes. Ésta es al menos la versión oficial aunque existe otra teoría más conspirativa, que asegura que el espía español fue asesinado por los servicios de inteligencia ingleses que tras descubrirlo lo envenenaron durante una cena en Damasco con el pachá. Así falleció uno de los primeros y más curiosos espías españoles infiltrados en tierras africanas.

Era de origen francés, se apellidaba Richebourg y llegó a convertirse en uno de los espías más famosos de su época. Nuestro pequeño confidente (medía apenas 58 centímetros) nació en 1768. Desde joven trabajó como sirviente para una adinerada familia de Orleans aunque a los 21 años fue reclutado para pasar información clandestinamente por una de las facciones de la Revolución francesa. Para que el enemigo no lo descubriera utilizaba una estrategia muy particular: gracias a su pequeña estatura se rasuraba el pelo, se disfrazaba de bebé y se introducía en un carrito de niño después de haberse memorizado el mensaje en cuestión.

Una anciana que también trabajaba para la causa se encargaba de pasear al «pequeño espía» a ambos lados de la frontera haciéndose pasar por una niñera que cuidaba al hijo de sus señores. La persona a la que debía llegar el mensaje solamente tenía que acercarse al carrito del bebé y escuchar al pequeño confidente.

El método de disfrazar al espía de bebé también servía para recoger información. Richebourg a veces era dejado dentro de su carrito junto a guardias del Gobierno o incluso oficiales del ejército; su cuidadora, con la excusa de hacer un recado, les confiaba al «espía bebé» que agudizaba el oído e intentaba memorizar el máximo de información. Para que los oficiales enemigos no descubrieran la farsa eran avisados por la niñera de que el pequeño se encontraba muy enfermo y que era mejor no destaparlo. De esa manera conseguían que el pequeño espía no fuera descubierto.

Mujeres espía

No hay duda de que dentro del arriesgado mundo del espionaje predominan los hombres pero aun así ha habido algunas mujeres que han pasado a la historia por su valor y por su habilidad a la hora de sonsacar la información, porque el sexo ha sido un arma muy valiosa a la hora de conseguir información del enemigo. Desde Dalila hasta Mata Hari, la historia del espionaje ha estado plagada de multitud de mujeres confidentes, sedientas de sacar noticias a sus engañados amantes.

Pero sería injusto solamente destacar a las que utilizaban sus «artes amatorias» como reclamo para conseguir información. También la historia ha dado mujeres espías, que, posiblemente aprovechando que el hombre no las consideraba aptas para estos menesteres, han logrado sus objetivos gracias a su habilidad y su inteligencia. El hecho de que los hombres no las consideraran peligrosas contaba como ventaja a la hora de pasar información, esconder fugitivos, traficar con contrabando, etcétera.

El espionaje como «arte» no comenzó a regularizarse hasta el siglo XVI, cuando algunos estados empezaron a organizar unos complejos sistemas de información donde la mujer también colaboraría, aún de forma discreta. En el siguiente siglo las mujeres comenzaron a tener una mayor participación y algunas de ellas destacaron como instigadoras de importantes intrigas palaciegas. Sus informaciones, conseguidas en gran parte gracias a sus amantes, hicieron que reyes, príncipes y nobles fueran asesinados o destituidos de sus cargos o sus tronos.

Durante la guerra de la Independencia americana (1775-1783) multitud de mujeres trabajaron recabando información y como mensajeras para los soldados americanos. Y durante la guerra de Secesión (1861) un gran número de damas sureñas colaboraron con su ejército ocultando bajo las amplias faldas documentos, uniformes e incluso armamento que después utilizarían los soldados en el frente.

Pero las más famosas mujeres espías comenzaron a destacar a partir de la Primera Guerra Mundial (1914-1918). Entonces surgieron nombres tan conocidos como el de Mata Hari.

Mata Hari

Es quizá uno de los nombres más célebres dentro del mundo del espionaje femenino, aunque curiosamente cuando analicemos su vida comprobaremos que, si para un informador la reserva debe de ser su cualidad más representativa, Mata Hari significó la antítesis de la discreción.

El verdadero nombre de tan peculiar dama es Margaretha Geertruida Zelle (1876-1917). Nació en el seno de una familia humilde de los Países Bajos. Su padre era sombrerero, su madre (de ascendencia javanesa) murió cuando ella era una niña y eso marcaría el resto de su vida.

Fue una joven muy atractiva, mimada por los cuidados de un padre sobreprotector, que procuraba que nada le faltara.

A los 19 años contestó un anuncio del periódico en el que un oficial del ejército holandés solicitaba esposa. Ese mismo año contrajo matrimonio con el militar de 39 años. Inexplicablemente, Margaretha sentía una fuerte atracción por los uniformes militares. Juntos se trasladaron a las Indias Orientales, donde Mata Hari se empapó de la cultura local, estudiando sobre todo las técnicas amatorias orientales que tanta fama le proporcionarían años más tarde.

El matrimonio tuvo dos hijos aunque misteriosamente el mayor murió envenenado, al parecer como venganza de uno de los sirvientes indígenas que tenía a su servicio al saber que su señor, el capitán Rudolf McLeod, había abusado sexualmente de su hija.

La vida en aquella colonia militar aburría de manera soberana a Mata Hari, que comenzó a dejarse ver con más asiduidad por las reuniones de mujeres y por los bailes del club de oficiales. Poco a poco fue desatendiendo su casa. Algo parecido ocurría con su marido que comenzó a abusar de la bebida y de las jovencitas locales.

Después de un tiempo regresaron a Ámsterdam, pero el matrimonio estaba ya destruido. Mata Hari se divorció de su marido alegando malos tratos y huyó a París, donde se haría pasar, gracias a sus rasgos orientales, por una supuesta princesa de Java llamada Mata Hari (traducido sería algo así como «ojo del amanecer»).

Para ganarse la vida comenzó a ejercer de bailarina exótica. Realizaba espectáculos de danza donde se iba desnudando al ritmo de la música oriental. El espectáculo adquirió tanta fama que había grandes disputas por conseguir las primeras filas para ver de cerca a la exótica bailarina.

El éxito hizo que tuviera multitud de amantes de la alta sociedad y sobre todo de militares de alta graduación. Entre la larga lista destacaban Adolphe Pierre Messimy, ministro de Guerra francés; el mayor Arnold Von Kalle, alto jefe militar alemán; el compositor Giacomo Puccini, o el barón Henri de Rothschild, que la colmó de joyas.

Mata Hari actuaba en los mejores locales de París, tan emblemáticos como el Casino, el Olympia o el Folies Bergère. Llegó a cobrar por actuación más de diez mil francos de los de la época. Pronto París se quedó pequeño para la famosa bailarina y comenzó una gira de dos años por toda Europa, Londres, Madrid, Roma, Berlín... En todos los lugares se rindieron a sus encantos. En Berlín conoció a uno de sus famosos amantes, el teniente Alfred Kiepert, un oficial al que los encantos de la bailarina dejaron obnubilado.

No había operación o secreto que aquel hombre pudiera esconder si la que preguntaba era Mata Hari.

En 1914 estalló la Primera Guerra Mundial y Mata Hari empezó a ser observada muy de cerca por los servicios secretos ingleses, convencidos de que era una espía alemana. Decidieron investigarla al descubrir que la bailarina iba a vender todas sus posesiones en París para trasladarse a vivir a Berlín.

Sus conquistas amorosas continuaron, al igual que sus viajes, que la llevarían a Madrid, París o Londres. Al parecer Mata Hari se ofreció como espía para los servicios de inteligencia franceses y así se convirtió en una agente doble, algo verdaderamente peligroso.

Los servicios de inteligencia ingleses terminaron acusando a Margaretha de ser una agente doble, fue arrestada y recluida en la prisión de San Lázaro (en las afueras de París).

Después de un juicio basado en suposiciones e hipótesis y sin ninguna prueba que demostrara su culpabilidad, Mata Hari fue condenada a morir ejecutada por un pelotón de fusilamiento. La sentencia se cumplió el 15 de octubre de 1917.

De los doce soldados que formaban el pelotón de fusilamiento tan sólo acertaron en el cuerpo de la espía tres, más el tiro de gracia que el oficial al mando le disparó a la sien. La leyenda cuen-

ta que Mata Hari sólo vestía un abrigo de piel el día de la ejecución y que en el momento en que los soldados iban a dispararle se lo quitó intentando persuadirlos. También hay quien asegura que los militares tuvieron que ser vendados para que no sucumbieran a sus encantos o que lanzó un beso a sus verdugos como despedida.

Los restos de Mata Hari no fueron enterrados. Su cuerpo fue donado a la Facultad de Medicina Forense para que los estudiantes pudieran realizar sus prácticas forenses con ella. Su cabeza fue embalsamada pero con la cabellera teñida de rojo durante varios años en el Museo de Criminales de Francia. En 1958 es probable que un admirador robara el cadáver.

La historia juzgará a Mata Hari aunque hay investigadores que aseguran que como espía fue un auténtico desastre y que sus informes prácticamente no se tenían en cuenta. Sus méritos como informadora fueron inflados por los aliados para justificar su asesinato.

La Segunda Guerra Mundial aportaría la sofisticación en el espionaje femenino. Fueron tantas las mujeres que participaron en labores de información para los aliados que los nazis crearon el campo de concentración de Ravensbrück, situado a noventa kilómetros al norte de Berlín, diseñado sólo para ellas. Claro que los alemanes tampoco se quedaron atrás y crearon toda una compleja red de prostíbulos donde se recogía toda la información posible del enemigo para con posterioridad pasarla urgentemente al alto mando. Uno de los más famosos fue el Salón Kitty.

El Salón Kitty

Se trataba de un prostíbulo situado en Berlín y que era regentado por una madame llamada Kitty Schmidt.

La dueña del salón, temerosa, trató de escapar de Berlín sabiendo que había estado ayudando a los aliados, pero fue detenida en la frontera con Holanda y llevada a la central de la Gestapo. Allí le hicieron una oferta irrechazable: o trabajaba con los nazis recopilando información de sus clientes o sería trasladada al campo de concentración de Ravensbrück. Como no podía ser de otra manera, madame Kitty aceptó la oferta y comenzó a colaborar con los servicios secretos alemanes.

El Salón Kitty fue restaurando y en todas las habitaciones se instalaron sistemas de escucha que terminaban en una sala en el sótano, donde cinco agentes tomaban nota de todo lo que ocurría y grababan a los clientes más destacados.

Durante varias semanas un grupo de prostitutas de élite fueron reclutadas a la fuerza y preparadas para las peores tareas. Las prostitutas debían conseguir que sus clientes se mostraran confiados para de este modo obtener el máximo de información.

Sólo en 1940 la casa tuvo más de diez mil clientes. Las señoritas se afanaban en sus «tareas» logrando cientos de informaciones que fueron cruciales para los servicios de inteligencia nazis.

Finalizada la guerra, a Kitty Schmidt se le permitió continuar con su burdel abierto a cambio de que jamás revelara ninguna de las operaciones que en su local se llevaron a cabo. La señora Schmidt murió en 1954 con 72 años y sin haber revelado nada de lo que ocurrió durante varios años en sus habitaciones.

Terminada la Segunda Guerra Mundial se entró en la denominada Guerra Fría. Las dos potencias más importantes, la norteamericana y la rusa, intentaban conocer con todo lujo de detalles los avances militares y tecnológicos de sus enemigos. Los servicios de inteligencia se sofisticaron y las mujeres consiguieron tener un papel relevante dentro del espionaje moderno.

En la actualidad todos los servicios secretos se afanan por conseguir reclutar mujeres para sus equipos. Son inteligentes, mejor formadas que los hombres y poseen grandes cualidades que las hacen destacar por encima de los varones. Como curiosidad cabe destacar que, por ejemplo, los servicios secretos británicos, los denominados MI6, están empeñados en reclutar mujeres espías. Para ello les ofrecen la posibilidad de pedir la baja maternal pagada durante seis meses y les permiten poder desplazar al resto de su familia al lugar donde estén operando.

Enigma era el nombre que recibió un sofisticado artefacto mecánico, una especie de máquina de escribir, diseñada para encriptar mensajes y que fue utilizada por los nazis en la Segunda Guerra Mundial.

La curiosa máquina era un dispositivo electromecánico (tenía partes eléctricas y partes mecánicas) con un teclado prácticamente similar al de una máquina de escribir normal y un panel frontal con las letras del alfabeto. Cuando se pulsaba una letra en el teclado, de forma automática y gracias a un engranaje mecánico, se iluminaba la letra a la que correspondía. Cada vez que se pulsaba una letra, cambiaba el rotor, por lo que era posible escribir, por ejemplo, AA y que nos ofreciera caracteres de correspondencia diferentes para cada letra. Para complicar más el descifrado los alemanes cambiaban todos los días las configuraciones de sus rotores, por lo que era prácticamente imposible adivinar la serie de correspondencia que utilizaban.

El avanzado sistema ofrecía un sinfín de posibilidades de equivalencia y sin ella era casi imposible descifrar un mensaje. La máquina Enigma servía tanto para cifrar como para descifrar. Cuando se quería descifrar un mensaje, sólo se tenían que introducir las letras del mensaje en la máquina, poniendo la misma configuración de inicio, y ésta devolvía una a una las letras del texto original.

La máquina Enigma ofreció a los alemanes una gran seguridad en sus comunicaciones. La tranquilidad de saber que sus mensajes no iban a ser descifrados hizo que el alto mando se confiara y enviaran sus planes y sus tácticas más secretas.

Pero un descuido hizo que los polacos interceptaran una máquina en 1929 que los alemanes no protegieron como equipaje diplomático. Aunque no se trataba de una máquina militar dio la pista de que el ejército podría estar utilizando un sistema parecido.

Los aliados comenzaron a investigar y a intentar encontrar las claves de correspondencia que los nazis podían estar utilizando. La solución llegó gracias a un joven matemático polaco llamado Marian Rejewski, que realizó mediante técnicas matemáticas y estadísticas un patrón que funcionaba.

Fueron muchos los rumores que surgieron a posteriori contando cómo se había conseguido crear una réplica de la máquina original. Algunas fuentes aseguran que fue gracias a una emboscada que, diseñada por la resistencia polaca, logró detener un vehículo alemán que transportaba una máquina Enigma. También se especuló con que un mecánico polaco que había sido empleado en la fábrica donde se producían las máquinas anotó todos los componentes y luego ayudó a «crear» una nueva. Otro rumor aseguraba que los franceses tenían un topo dentro del cuerpo especial, que se dedicaba a descifrar los códigos con la codiciada máquina.

Los servicios de inteligencia británicos también se afanaron en descubrir la clave que escondía todos los mensajes alemanes y crearon la escuela gubernamental de códigos y cifrado en Bletchley Park (a unos ochenta kilómetros de Londres). En el verano de 1940 aquella escuela comenzó a dar sus frutos y a traducir algunos textos.

No hay duda de que haber conseguido descifrar los mensajes encriptados alemanes hizo que la guerra tuviera un final al menos de dos años antes de lo pronosticado.

Como curiosidad, en 2006 se descifró el último mensaje que aún no se había conseguido interpretar. El mensaje interceptado tenía los siguientes caracteres: «nczwvusxpnyminhzxmqxsfwxwlk-jahshnmcoccakuqpmkcsm hkseinju sblkiosxckubhmllxcsjusrrdvko-hulxwccbgvliyxeoahx rhkkfvdrewezlxobafg yujqukgrtvukameurbveksuhhvoyhabcjwmaklfklmyfvnrizrvvrtkofdanjmolbgffleopr gtflvrhowopbekv wmuqfmpwparmfhagkxiibg».

Y la traducción sería: «Señal de radio 1132/19. Contenido: Forzados a sumergirnos durante ataque, cargas de profundidad. Última localización enemiga: 8.30, cuadrícula AJ 9863, 220 grados, 8 millas náuticas. Estoy siguiendo al enemigo. El barómetro cae 14 milibares. NNO 4, visibilidad 10».

CICERÓN, EL ESPÍA MAL RECOMPENSADO

Su verdadero nombre era Elyesa Bazna (1904-1970) y fue un famoso espía albanés que trabajó para los servicios de inteligencia nazis durante la Segunda Guerra Mundial.

Cicerón, que ése fue su alias, trabajó en Ankara como chófer de varias embajadas, como la yugoslava o la americana. Finalmente fue contratado como chófer para el embajador británico, Sir Hughe Knatchbull-Hugessen, del que llegaría a ser ayudante de cámara y hombre de confianza.

Elyesa había conseguido hacerse con una copia de la llave de la caja de seguridad donde el embajador guardaba todos los documentos secretos y, sin pensar las consecuencias, el ayudante de cámara se ofreció como informador en la embajada alemana.

Bajo el sobrenombre de Cicerón comenzó a suministrar a los alemanes todos los documentos que el embajador guardaba, entre los que abundaban numerosos planos de ingenios electrónicos que los nazis pensaban que era tecnología secreta. Lo que no sabían es que el embajador británico era un apasionado de la electrónica y una especie de «inventor chiflado» que diseñaba siempre que podía ingenios surrealistas que jamás conseguía hacer funcionar.

Los alemanes, como era lógico, comenzaron a desconfiar del espía albanés y cada vez daban menos credibilidad a las informaciones que les pasaba. Cicerón llegó a entregar a los alemanes valiosa información, como las actas de las conferencias de El Cairo y Teherán, e incluso importantes detalles sobre la futura invasión de Normandía (Operación Overlord), que no fueron tomadas muy en cuenta.

Los nazis no fueron conscientes de la importancia de algunas de las informaciones de su espía hasta que descubrieron que el bombardeo que llevaron a cabo los aliados en Sofía, el 15 de enero de 1944, había sido relatado con anterioridad por Cicerón, que les había entregado la fotografía de un telegrama donde se informaba del ataque.

Finalmente el embajador británico comenzó a sospechar de su ayudante de cámara y montaron una operación para detenerlo aunque llegaron demasiado tarde, pues el traidor había huido rumbo a Brasil con el dinero que había conseguido por sus informaciones al Gobierno alemán.

Un mes le duró la alegría al albanés. En Brasil se dedicó a disfrutar de su dinero: gastó con alegría su fortuna en todo tipo de lujos y caprichos hasta que la policía llamó a la puerta de la habitación del exclusivo hotel donde se hospedaba. Se lo acusaba de fraude. Al parecer los nazis pagaron al informador con dinero falso haciendo buena la célebre frase de «Roma no paga traidores».

Espía enano en la Luna

Durante muchos años los rusos y los americanos mantuvieron una lucha titánica para conseguir situarse a la cabeza de la carrera espacial. Obviamente los americanos desbancaron a sus adversarios el 20 de julio de 1969, cuando el *Apolo XI* alunizó en nuestro satélite.

Los rusos, a pesar de la derrota, continuaron intentando llevar la delantera a Estados Unidos en algunas misiones. En 1970 pusieron en marcha la Operación Lunojod 1. Se trataba de enviar a la Luna un vehículo todoterreno con el objetivo de explorar la superficie y la atmósfera lunar y enviar a la Tierra las imágenes y la información recogidas.

El pequeño vehículo logró sus objetivos porque después de casi un año de actividad envió a la Tierra más de veinticinco mil imágenes televisivas, realizó mas de quinientas pruebas experimentales sobre la superficie lunar y recorrió más de diez kilómetros.

Pues bien, a los ciudadanos rusos no les quedaba claro eso de un vehículo circulando sin conductor por la Luna y comenzó a correr el rumor de que el que en verdad tripulaba el pequeño todoterreno era un agente enano de la KGB enviado en una operación suicida. El pequeño agente aguantaría hasta que se le agotara el oxígeno y las provisiones y después entregaría la vida por su país. ¡Todo un héroe!

Objetivo Fidel Castro

Fidel Castro, junto con Osama Bin Laden, ha sido uno de los principales objetivos de los servicios secretos americanos. Según el diario británico *The Guardian*, la CIA intentó en más de seiscientas ocasiones acabar con la vida del dirigente cubano y, aunque algunas de las fórmulas escogidas parecen sacadas de una aventura de Mortadelo y Filemón, todas son operaciones documentadas y reales. Aquí ponemos algunos de los ejemplos más peregrinos.

El puro asesino

Aunque el comandante abandonó su afición por los habanos en 1978, la CIA intentó con anterioridad acabar con la vida del mandatario cubano. Los servicios secretos pretendían hacer llegar a Castro una valiosa caja de sus cigarros preferidos, entre los que se encontraría un puro explosivo que al ser encendido arrancaría la cabeza del mandatario o uno que estuviera impregnado con un veneno o alguna toxina capaz de aniquilar a su víctima.

Traje de buzo manipulado

Castro era un apasionado del buceo, que practicaba con asiduidad. No es extraño que los servicios secretos americanos pensaran infectar su equipo de buceo con algún hongo que le pudiera provocar una enfermedad crónica que terminara debilitándolo.

Molusco explosivo

Dada esta afición de Castro por el submarinismo, también la CIA comenzó a diseñar unos cuantos moluscos de vivos colores lo suficientemente llamativos como para atraer la atención del mandatario cubano durante alguna de sus jornadas de buceo. Los moluscos se diseñaban de un tamaño suficiente para que dentro tuviera una carga explosiva que pudiera acabar con la vida del dictador.

Bolígrafo-jeringuilla

Ésa era el arma que se había elegido para asesinar a Fidel curiosamente el mismo día en que murió Kennedy. Parece ser que un agente de la CIA iba a clavarle un bolígrafo-jeringuilla cargado de un veneno mortal.

Bacterias

También fue una de las hipótesis que se barajaron para acabar con la vida de Fidel: infectarlo con alguna bacteria. En un principio se pensó impregnar alguna de las servilletas de té que utilizaba, pero también se especuló con la posibilidad de ponerle algunos polvos infestados de bacterias en los zapatos para que se le cayera la barba (símbolo revolucionario).

Explosivos

Eran lo que se pensaba utilizar en 2000 (durante la visita de Fidel a Panamá). Al parecer los servicios de seguridad del comandante cubano detuvieron a varias personas, entre ellos un antiguo agente de la CIA, cuando trataban de colocar noventa kilos de explosivo bajo el atril donde Castro iba a pronunciar uno de los discursos.

Veneno en las cremas faciales

La desesperación por matar a Castro llevó a la CIA a contratar a una antigua amante de Fidel, Marita Lorenz, que debería ocultar un líquido venenoso en las cremas faciales que usaba el mandatario cubano. Al parecer, Castro, desconfiado, la interrogó hasta conseguir que acabara confesando el complot.

Requisitos para comenzar a espiar

Si después de haber leído el capítulo, todavía le quedan ánimos para ganarse la vida como espía, le ofrezco los requisitos y las condiciones laborales para trabajar en los más importantes servicios secretos del mundo.

CNI (España)
Ser ciudadano español.
Tener menos de 35 años.
Poseer título universitario para trabajar de analista.
Condiciones laborales: un mes de vacaciones y sueldo un 30 por ciento superior al que cobraría en el sector privado.

CIA (Estados Unidos)
Ser ciudadano estadounidense.
Tener menos de 40 años.
Someterse a la prueba de polígrafo.
Dominar dos idiomas.
No tener antecedentes penales.
Condiciones laborales: veintidós días de vacaciones y sueldo un 12 por ciento superior al del sector privado.

MI6 (Gran Bretaña)
Ser ciudadano británico.
Tener menos de 40 años.
No es necesario título universitario.

Dos idiomas.

Condiciones laborales: sueldo base de diecinueve mil libras e instalaciones con gimnasio, sauna, etcétera.

MOSSAD (Israel)
Ser ciudadano israelí.
Tener menos de 32 años.
Experiencia militar.
Dominar dos idiomas.
Condiciones laborales: sueldo base de doce mil euros y proveen a tu familia de nueva identidad en caso de riesgo.

FSB (Rusia)
Ser ciudadano ruso.
Tener menos de 35 años.
Experiencia militar.
Dominar tres idiomas.
Condiciones laborales: sueldo base de diez mil euros y el mejor seguro médico de todo el país.

9

Curiosos personajes de la historia

En este último capítulo van a aparecer una serie de curiosos personajes, olvidados de la historia o simplemente poco conocidos por la mayoría. Es posible que las acciones que hayan realizado hayan sido muy importantes para el momento que vivieron; sin embargo, han quedado relegados al olvido por parte de escritores e historiadores.

Es probable que conozca a alguno de estos personajes porque la acción histórica de la que han sido protagonistas (guerras, deportes, música...) sea su especialidad y haya podido bucear en sus vidas, pero sinceramente espero sorprenderle.

También pasearemos por algunas historias curiosas que no deberían faltar como, por ejemplo, cuáles son los despojos humanos más importantes repartidos por el mundo o quiénes fueron las forajidas más conocidas y peligrosas del Lejano Oeste.

Agnodice de Atenas, la primera mujer científica

Recordar a Agnodice es rememorar a esas mujeres que pese a las adversidades pudieron ver realizado su sueño de investigar, una meta nada fácil de conseguir en algunos momentos de la historia. Marginadas, repudiadas, olvidadas, incomprendidas, son numerosos los calificativos que podríamos añadir a la vida de la mayoría de estas esforzadas mujeres, que incluso en infinidad de ocasiones se vieron obligadas a cortar el cabello y a vestirse como hombres para poder acceder a los centros de estudio.

Es el caso de Agnodice. Una ateniense que ya por el año 300 a.C., y con el consentimiento paterno, se cortó el cabello, se vistió de hombre y se trasladó hasta Alejandría para estudiar medicina y obstetricia. Así se convirtió en uno de los mejores alumnos del célebre médico Herófilo.

Una vez conseguidos los conocimientos suficientes de los mejores maestros, regresó a Atenas y ejerció la ginecología entre las mujeres de la alta sociedad, manteniendo su camuflaje masculino. Poco a poco se iría convirtiendo en imprescindible para estas acomodadas damas que encontraban en Agnodice la atención y la comprensión que otros médicos no les proporcionaban.

El trato con estas mujeres era tan cercano que Agnodice terminó confesando su secreto a las más allegadas.

Esa posición privilegiada y los éxitos profesionales que iba poco a poco consiguiendo debieron despertar la envidia de alguno de sus colegas, que la acusó ante las autoridades, en un primer momento y aunque pareciera increíble, de intentar propasarse con alguna de sus pacientes y de intento de violación a dos mujeres a las que atendió. Para defenderse de las acusaciones recibidas Agnodice no tuvo más remedio que destapar su verdadera identidad femenina. Los magistrados automáticamente retiraron los cargos que se le imputaban por violación pero en ese mismo instante fue acusada de «suplantación de personalidad» al hacerse pasar por un hombre en sus intervenciones y por ejercer una profesión prohibida en aquel entonces a las mujeres. Por este delito se la condenó a la pena de muerte.

Las pacientes nobles a las que había tratado se unieron para defenderla, ejerciendo sus influencias y solicitando su absolución; tal fue la presión que finalmente consiguieron que se cambiara la ley y que Agnodice pudiera seguir ejerciendo la medicina en libertad, esta vez con su verdadera identidad de mujer.

Mujeres famosas en el Antiguo Egipto

No hay duda de que la cultura del Antiguo Egipto fue muy adelantada a su tiempo en ciencia, en tecnología, pero también en derechos, al menos para la mujer.

En el Antiguo Egipto las mujeres tenían prácticamente los mismo derechos que los hombres: eran iguales ante las leyes e incluso podían heredar de sus familiares, comprar y vender propiedades, regentar negocios o incluso ¡gobernar! Como hicieron Hatshepsut o Cleopatra.

En esa época muchas mujeres destacaron por sus habilidades. Éstas son algunas que triunfaron en la época del segundo de los Ptolomeos (283-246 a.C).

Myrtion

Era la actriz más aplaudida de la época. Llenaba todos los teatros y los salones de la Corte y fue conocida por las grandes fiestas que organizaba en su lujoso palacete de Alejandría y a las que acudían las familias más influyentes de Egipto.

Mnesis y Pothine

Eran dos virtuosas de la flauta. Ambas eran músicos y deleitaban con este instrumento, muy apreciado por la alta sociedad, en todas las fiestas y los teatros de la época.

Clino y Stratonice

La primera fue una de las más conocidas escultoras de la época y la segunda deleitaba a la alta sociedad con sus poesías.

Bilstiche

Fue una de las mejores atletas de la época y destacó, principalmente, porque era una gran conductora de cuádrigas. Bilstiche llegó a ganar los Juegos Olímpicos del año 260 a.C., hecho que molestó mucho a los seguidores griegos que no entendían cómo una mujer se había podido alzar con la victoria.

En la ceremonia de entrega de los premios fue insultada y abucheada por la multitud masculina. La campeona tuvo que soportar todo tipo de vejaciones aunque la gloria estaría muy cerca. Bilstiche fue recibida cuando regresó a su ciudad natal como una auténtica heroína y se le tributaron los mismos honores que se le habrían dispensado a un hombre. Se llegó incluso a construir una estatua en su honor.

Si hablamos de los aviones y de los comienzos de la aviación, no podemos olvidar a Abulqásim Abbás Ibn Firnás, de ascendencia árabe pero nacido en Ronda (Málaga) en el año 810. Era un humanista, versado en física, química y astronomía: algunos lo consideran el precursor de la aeronáutica.

¿Y cuál es la relación de Abulqásim con la aviación? En el año 852 se lanzó desde una torre de Córdoba con una gran lona que le sirvió para amortiguar la caída. Aunque en el intento sufriera numerosas contusiones, muchos lo consideran como el creador del paracaídas.

No satisfecho con la experiencia, veinticinco años después y cuando ya tenía 65 años, se hizo confeccionar una gran túnica de seda a modo de alas que había adornado con plumas de rapaces; una vez construido el «fuselaje», se lanzó desde una torre planeando durante varios segundos ante la mirada atónita de un montón de compañeros y amigos a los que había invitado. Fue de lamentar el hecho de que en la caída se fracturara las dos piernas. Este accidente no fue impedimento para que Abulqásim, pertinaz, continuara desarrollando sus inventos doce años más.

Al igual que en Occidente se ha considerado como creadores de la aviación a los hermanos Wright, los musulmanes hablan de Abbás Ibn Firnás como el pionero.

Los iraquíes, por ejemplo, han puesto su nombre a una de las carreteras del aeropuerto internacional de Bagdad, los libios han emitido un sello con su efigie, en Ronda se ha puesto su nombre a un centro astronómico e incluso en la Luna se ha bautizado un cráter con su nombre.

LOS RESTOS HUMANOS MÁS CÉLEBRES

Hay muchos personajes que han obtenido relevancia por tener expuestos sus restos en museos, basílicas, iglesias o incluso en casas de coleccionistas privados. Algunos ya eran famosos por sus hazañas, como Napoleón; otros han pasado por la historia «casi de puntillas» y era justo acordarse de los más curiosos amputados.

La cabeza de Walter Raleigh

Walter Raleigh fue un navegante y cortesano inglés (1554-1618) que fue decapitado por orden del rey inglés Jacobo I. Su mujer enterró el cuerpo del pirata pero no la cabeza, que mandó embalsamar y que conservó en una bolsa de piel roja hasta su muerte. De hecho, su hijo Carew la custodió hasta su muerte. Fue enterrado junto a la cabeza de su padre en 1666.

La cuarta vértebra cervical del rey Carlos I

El cirujano que le realizó la autopsia el día de su decapitación robó la cuarta vértebra del rey Carlos I de Inglaterra (1600-1649). Con el paso del tiempo cayó en manos del novelista Walter Scott, quien se hizo con ella un salero que usó durante treinta años, hasta que la reina Victoria ordenó su devolución a la capilla de San Jorge, en Windsor (Gran Bretaña).

La pierna ortopédica del general Santa Anna

El general Santa Anna o, mejor dicho, Antonio de Padua María Severino López de Santa Anna y Pérez de Lebrón (1794-1876) es uno de los presidentes mexicanos más polémicos. Llegó a gobernar en diez ocasiones diferentes y firmó alianzas prácticamente con todos los grupos políticos del momento: realistas, insurgentes, monárquicos, liberales y conservadores.

En 1838 se enfrentó al ejército francés intentando liberar Veracruz de las tropas invasoras. Ante el ataque, los franceses se retiraron hasta el muelle, pero su flota abrió fuego de artillería a discreción contra las tropas enemigas y consiguió volar una pierna al general.

El militar, orgulloso de su herida, organizó una ceremonia en la que enterró su extremidad con todos los honores. Al poco tiempo la pierna fue desenterrada y robada por los texanos y en la actualidad se exhibe en un museo militar de Minnesota.

Tejido canceroso de Grover Cleveland

Stephen Grover Cleveland fue el vigésimo segundo (1885-1889) y vigésimo cuarto (1893-1897) presidente de Estados Unidos y el único gobernante americano que ha tenido dos mandatos no consecutivos. Un tumor extirpado de la mandíbula a Cleveland se conserva en el Museo Mutter de Rarezas Médicas en Filadelfia.

El pene de Napoleón Bonaparte

El «regio miembro» de tan insigne general francés fue pasando de mano en mano (con perdón) hasta que en 1972 fue vendido en una subasta a un urólogo estadounidense por tres mil ochocientos dólares. El tamaño del pene subastado era de 4,1 centímetros y los urólogos han considerado que mediría 6,6 centímetros en erección. Se sabe que el emperador Napoleón padecía un desorden endocrino que podría haber limitado el crecimiento normal de sus genitales.

El pene de Rasputin

En este caso sí que es para acomplejarse porque el «bicho» medía cerca de 40 centímetros. Grigori Rasputin (1869-1916) fue un extraño y misterioso personaje que de la nada llegó a ser confidente y asesor de la familia real rusa, los Romanov, gracias a haberse ganado la confianza de la zarina. Tanta influencia llegó a poseer que no había nombramiento o destitución de cargo, e incluso de ministro, que no hubiera aconsejado Rasputin. Este hecho levantó grandes envidias y odios entre la clase aristocrática, que terminó asesinándolo.

El famoso pene fue guardado hasta 1967 dentro de una caja de madera por una anciana parisina que lo vendió por ocho mil dólares al Museo Erótico de San Petersburgo, donde hoy en día se puede visitar.

En la actualidad sólo se conservan 28,5 centímetros del pene debido a que una parte la perdió durante la castración y otra en un supuesto ataque de un perro.

Famosas cabelleras

El peluquero del músico y compositor jamaicano Bob Marley (1945-1981) se guardó un mechón de cabellos del artista y en 2003 lo vendió por ¡ocho mil dólares!

También se ha subastado el de Elvis Presley por dieciocho mil dólares, el de Britney Spears, o un pelo de Marilyn por quinientos euros o del Che Guevara por doce mil dólares.

Cuerpos incorruptos

El fenómeno de los cuerpos incorruptos a través de los años, incluso de los siglos, continúa siendo un misterio incluso para los científicos. Cuando un cuerpo se momifica, suele quedar arrugado, rígido y extremadamente seco. La mayor parte de los cuerpos incorruptos, en cambio, no están ni secos ni rígidos, sino que se encuentran bastante húmedos y flexibles, incluso tras el paso de los siglos aún conservan las facciones casi inalterables.

Y es que la Santa Madre Iglesia tiene centenares no sólo de miembros incorruptos, sino también de cuerpos enteros, muchos incluso son visitados a diario por los fieles.

Recientemente se procedió en el Vaticano a la apertura de la tumba del papa Juan XXIII, cuya obra más significativa fue la convocatoria del Concilio Vaticano II. Para sorpresa de quienes realizaron la ceremonia, y pese a las décadas que transcurrieron desde su muerte, el cuerpo estaba incorrupto. Sus restos están ahora expuestos en la basílica de San Pedro en una urna de cristal para admiración de quienes lo visitan.

Reliquias cristianas

La Santa Madre Iglesia tiene distribuidas por todo el mundo centenares de partes de cuerpos de santos a los que aún hoy en día se venera.

Se tiene conocimiento de que existen el «santo ombligo», el «santo prepucio» (del que parece ser que existen varios repartidos por el mundo) y una gran variedad de fluidos corporales, como la «santa lágrima» o la «santísima sangre». También se puede encontrar un dedo de san Pedro, la cabeza de san Andrés o los restos de santa Teresa de Jesús esparcidos por media España.

LOS CASTRATTI, EL CANTO DE LOS ÁNGELES

En 1588 la Iglesia, regentada por Sixto V, prohibió cantar a las mujeres en el teatro y en la ópera. Años atrás ya se había prohibido que cantaran en las iglesias, por lo que los coros tenían un problema importante: los jóvenes daban las notas más altas, pero en cuanto comenzaban a crecer y a mudar de voz no servían. Esto suponía tener que cambiar constantemente de coristas.

Desde la Antigüedad ya se sabía que a los niños castrados no les cambiaba la voz. Al parecer el pecho y el diafragma se desarrollaban con normalidad, al contrario que las cuerdas vocales. De esta manera se conseguían hombres con voz de niños. De hecho, la Iglesia griega empleó eunucos para sus coros desde el siglo XII.

Pero para hacerse una idea de qué importancia llegaron a tener los castratti bastaría apuntar que durante los siglos XVII y XVIII, en Italia, se castraban unos cuatro mil niños al año con la esperanza de que triunfaran como cantantes. La mutilación era el elevado precio que debían pagar si querían cantar como los «ángeles» aunque bastaba con mutilarse los testículos.

En aquella época existía una terrible competencia, por lo que sólo un 15 por ciento de los niños castratti conseguían vivir de su voz y tan sólo una ínfima parte conseguían notoriedad. Fueron tan solicitados y tan importantes que se los puede considerar los primeros divos de la historia. Eran caprichosos, conocidos por sus excentricidades y por las elevadas sumas de dinero que llegaban a conseguir con sus actuaciones.

A mediados del siglo XVIII el Gobierno italiano suprimió la castración y también la Iglesia prohibió los castratti en sus coros. Poco a poco las mujeres fueron ocupando los papeles que hasta ese momento estaban reservados a los castrados.

Es posiblemente el castrado más famoso de la historia. En realidad se llamaba Carlo Broschi (1705-1782). Fue castrado siendo un niño aunque hay especialistas que apuntan que fue una operación necesaria tras sufrir un accidente con un caballo (aunque ésta era precisamente la excusa que esgrimían los padres cuando se cuestionaba la castración de sus hijos).

Una vez castrado, Farinelli ingresó en un conservatorio donde pronto destacó por sus amplias dotes musicales y por sus toques personales a las composiciones que cantaba. En 1722 debutó en Roma con la obra *Eumene*. Dejó al público asistente impresionado por la potencia y la pureza de su voz.

Su fama y su popularidad crecían y comenzó a cantar en las mejores óperas europeas. Pronto fue habitual de las grandes Cortes europeas y amigo de los monarcas que las regentaban.

Después de pasar tres años en Londres se instaló varios meses en Francia y después llegó a España, donde terminó afincándose durante casi veinticinco años.

En España y gracias a la fama de su voz angelical fue contratado por la mismísima reina. Su hijo, el rey Felipe V, estaba aquejado de una gran melancolía y la reina madre pretendía que mejorara gracias a los prodigios de la dulce voz del castrado. Los cantos angelicales de Farinelli consiguieron curar al monarca, que, agradecido, le otorgó el cargo de primer ministro.

El ascenso de Fernando VI al trono también benefició a Farinelli, que fue nombrado director de teatros de Madrid y Aranjuez. También se le concedió el rango de caballero y recibió la Cruz de Calatrava.

Tras la llegada a la corona de Carlos III se retiró a Bolonia a disfrutar de la fortuna que había conseguido atesorar durante tantos años y terminó allí el resto de sus días.

El 12 de julio de 2006 historiadores y científicos de las universidades italianas de Bolonia, Florencia y Pisa y de la británica de York exhumaron los restos de Farinelli y de una sobrina nieta para estudiar los efectos anatómicos de la castración y su influencia en la voz. Según Gino Fornaciari, director científico del proyecto y profesor de Paleoantropología de la Universidad de Pisa: «Tras el proceso de restauración, que se prevé largo y laborioso, se realizará un estudio antropológico físico, que permitirá obtener información sobre su estatura, las características cráneo-faciales, actividad física, etcétera».

Después llegarán las pruebas paleopatológicas para determinar las enfermedades que sufrió Farinelli. Se realizarán análisis macroscópico, microscópico, radiológico y por TAC. Por último un estudio químico del tejido óseo permitirá obtener información sobre su régimen alimenticio.

THOMAS BLOOD, «EL LADRÓN DE LA TORRE DE LONDRES»

A punto estuvo la familia real inglesa de quedarse sin sus preciados tesoros el 9 de mayo de 1671. La famosa corona y el resto de las joyas de los reyes británicos estaban custodiados en la famosa Torre de Londres.

El rey Guillermo de Normandía mandó edificarla sobre los cimientos de una antigua construcción romana en 1078. El complejo, situado junto al río Támesis, ha tenido varias utilizaciones a lo largo de su historia: de prisión a refugio, de almacén de tesoros a fortaleza o armería; sus paredes también han servido de cárcel principalmente para prisioneros de «clase alta».

Nuestro protagonista, Thomas Blood, es famoso para los ciudadanos británicos, que lo bautizaron como el *Ladrón de la Torre de Londres*, y no cabe duda de que su historia es bastante curiosa.

Thomas Blood fue un militar nacido en Irlanda (1618-1680) en el seno de una familia acomodada. Contrajo matrimonio a los 20 años con María Holcroft, la hija de un caballero adinerado inglés.

El coronel Blood vivió la guerra civil inglesa de 1642 de una forma muy particular, en principio apoyando a las tropas leales a Carlos I para luego abandonar y defender al bando contrario como teniente de Oliver Cromwell.

Al terminar la guerra fue recompensado por sus servicios con una gran cantidad de tierras y así se convirtió en un importante terrateniente aunque al regresar Carlos II a gobernar tuvo que dejarlo todo y huir con su familia a Irlanda.

Arruinado y desesperado, decidió junto a otros perjudicados asaltar el castillo de Dublín y secuestrar a James Butler (primer duque de Ormonde) con el objetivo de usurpar el gobierno, pero el plan fue descubierto y Blood tuvo que huir a los Países Bajos. En 1670 regresó a Londres oculto tras una identidad falsa, al parecer para volver a intentar de nuevo el secuestro del duque de Ormonde.

No contento con todas estas fechorías decidió robar las joyas de la corona que se custodiaban en la famosa Torre de Londres. Allí acudió a finales de abril de 1761 acompañado de una mujer que presentó como a su esposa. Se granjeó la amistad de la persona que custodiaba la torre, Talbot Edwards, de 77 años, y comenzó a visitarlo junto a su mujer con asiduidad.

Cuando ya tuvo su confianza, le pidió que le enseñara las joyas que custodiaba a él y a dos amigos íntimos. Éstos acudieron a la cita con puñales y pistolas escondidas. Thomas llevaba también camuflado un mazo.

El ingenuo guardián les mostró las joyas protegidas tras una reja. En ese momento le golpearon, lo amordazaron y lo ataron de manos y pies. Los tres ladrones utilizaron unas cañas que también llevaban camufladas para robar las joyas. Blood tuvo que aplastar la corona a base de martillazos para poder disimularla entre sus ropas y uno de sus cómplices también tuvo que partir en dos una gran cruz de oro y piedras preciosas.

Mientras los forajidos abandonaban el lugar, el guardián pudo zafarse de la mordaza y gritar pidiendo ayuda. Justo en ese momento llegaba su hijo que estaba cumpliendo el servicio militar en Flandes y se enfrentó con Blood y sus hombres. Comenzaron los disparos intentando que los fugitivos no escaparan. Aunque los ladrones consiguieron montar a caballo, no pudieron salir del recinto y fueron apresados, encerrados y las joyas, recuperadas.

Thomas Blood se negó a hablar con nadie y pidió audiencia con el rey Carlos, que, sorprendido por la osadía del reo, decidió concederle su petición. El prisionero fue llevado ante el rey atado con cadenas. Al llegar el monarca le preguntó: «¿Qué ocurriría si decidiera perdonarle la vida?». A lo que Blood contestó: «Que trataría de demostrarle que lo merezco, majestad».

Nadie sabe a ciencia cierta por qué el rey decidió perdonarlo y además concederle una pensión de quinientas libras anuales. Algunos especulan con la posibilidad de que lo hiciera para evitar una nueva sublevación de Thomas Blood y de sus seguidores; otros, que el rey tenía simpatía por los canallas audaces e incluso se

llegó a especular que había sido el propio rey el que había ordenado a Blood robar las joyas para intentar sanear sus deficitarias arcas.

Una vez en libertad, su vida continuó salpicada de embustes, engaños y conflictos con varias personas. Finalmente enfermó y murió el 23 de agosto de 1680 en su casa de Westminster. Fue enterrado en el cementerio de St. Margaret's Church. Tal era su reputación como estafador que algunas crónicas aseguran que su cuerpo fue exhumado para que las autoridades comprobaran que era Blood el que estaba enterrado y no otro cadáver, como se llegó a sospechar.

Henry Cavendish, el científico loco

Hablar de Cavendish (1731-1810) es referirnos a uno de los científicos que más han influido en la ciencia actual y sus teorías aún siguen asombrando por la exactitud de los resultados conseguidos.

Su trabajo más célebre fue el descubrimiento de la composición del agua aunque también fueron relevantes sus descubrimientos sobre las propiedades del hidrógeno, la composición del aire o sus trabajos sobre la densidad de la atmósfera o de la Tierra. Sus experimentos sobre la conductividad eléctrica se adelantaron casi un siglo a su tiempo aunque permanecieran ignorados hasta que a finales del siglo XIX el físico James Clerk Maxwell consiguiera editar sus escritos y darlos a conocer.

Lo más curioso de este personaje era la excentricidad que lo acompañó a lo largo de su vida. Era retraído, solitario y enfermizamente tímido y el contacto humano le provocaba un profundo desasosiego. Era tal la inquietud que le provocaba relacionarse con sus semejantes que se comunicaba con su servicio a base de notas escritas y no permitía que nadie tuviera contacto físico con él o que lo mirara directamente. Si una criada se cruzaba en su camino, era despedida sin discusión.

Perteneció a la Sociedad Lunar de Birmingham, formada por un grupo de amigos científicos que se reunían las noches de luna llena para debatir sobre temas científicos. Los investigadores se congregaban precisamente ese día para poder llegar tarde a casa bajo la luz de la luna. De todos era conocido que si alguno de los presentes quería compartir información con Cavendish o conocer su punto de vista, jamás le podía preguntar directamente, más bien debían pasear junto a él de forma disimulada y hablar como si uno se dirigiera al infinito. Si el tema le interesaba, contestaba con un susurro.

Henry Cavendish falleció a los 79 años y dejó una gran fortuna, una abundante obra científica y muchísimo material utilizado en sus experimentos (sobre todo eléctricos).

En 1874 se fundó en el Departamento de Física de la Universidad de Cambridge, el Laboratorio Cavendish y una cátedra con su nombre.

Las malas del Lejano Oeste

Las mujeres forajidas han sido las grandes olvidadas de la historia. Hay que imaginarse la época del Lejano Oeste para darse cuenta de que sobrevivir en aquellos años de vaqueros e indios era una auténtica heroicidad. Las mujeres eran presas fáciles para todos los cowboys que desearan aprovecharse de ellas. Si querían sobrevivir, debían ser más duras que los hombres y, aunque no fueron muchas, algunas pistoleras consiguieron convertirse en leyenda.

Calamity Jane

Calamity Jane nació el 1 de mayo de 1853 como Martha Jane Canary en Princeton, Missouri. El apodo se lo pusieron los mexicanos por su mala suerte con los hombres. De ahí lo de Juanita Calamidad.

Es posible que esa mala suerte se debiera a su aspecto físico ya que era considerada como una de las mujeres más feas del mundo. Llegaron a decir que incluso a primera vista era difícil reconocer si era un hombre o una mujer. Esa fealdad también se debía a que le faltaban todos los dientes por la coz que una mula le propinó en plena cara.

Calamity trabajó como exploradora ayudando a los soldados americanos y participó en varias campañas bélicas contra los indios y junto a los generales más importantes, como Custer. Su fama creció tras conocer al pistolero más famoso del lugar, Wild Bill Hickock, con el que llegó a decir que estuvo casada y del que tuvo un hijo (aunque no se haya podido demostrar). Hay cronistas que precisamente relatan lo contrario: cómo Wild Bill huía despavorido cada vez que se encontraba con ella.

Calamity James terminó sus días de gira participando en espectáculos que se organizaban sobre el Lejano Oeste. Falleció a los 51 años debido a una neumonía. Sus restos fueron enterrados, tal

y como ella pidió, cerca de los de Wild Bill Hickok, en el cementerio de Mount Moriah, en la ciudad de Deadwood.

Belle Starr

Se llamaba Myra Maybelle Shirley (1848-1889) y es quizá una de las fugitivas más mediáticas del Lejano Oeste. Ése puede ser el motivo por el que en su biografía hay partes de leyenda y partes de realidad.

Aunque tuvo una infancia dedicada al estudio y se convirtió en una joven de buenos modales, su primer matrimonio comenzó a apartarla de la realidad que había vivido. Su marido Jim Reed era amigo de uno de los pistoleros más buscados del Lejano Oeste, eso hizo que Belle Starr estuviera rodeada de fugitivos y que en varias ocasiones tuviera que huir por culpa de las fechorías de su marido.

Muerto su primer cónyuge, se casó con otro pistolero importante, Sam Starr, y empezó a correr el rumor de que ella había participado con su esposo en varios atracos. Al fallecer éste, se la relacionó con el bandolero Jack Spaniard.

Finalmente un domingo, cuando realizaba algunas compras, fue asesinada sin que se haya conocido con certeza por qué acabaron con su vida.

Cattle Annie y Little Britches

Estas dos jóvenes americanas se enamoraron de un apuesto bandido, Bill Doolin (1858-1896), que fundó su propia banda después de haber pertenecido a la de los Dalton. Estas dos jóvenes se dejaron seducir por sus hazañas y llegaron a seguirlo adonde quisiera que él fuera.

Cuando Bill Doolin fue detenido y encarcelado, Annie y Britches consiguieron liberarlo a punta de pistola. Lograron escaparse con el fugitivo pero fueron detenidas y apresadas. Tras cumplir condena Annie terminó ingresando monja en un convento.

Annie Oakley

Phoebe Anne Oakley Moses (1860-1926) destacó por ser la mejor francotiradora de la época durante varios años mientras acompañaba a Buffalo Bill en sus espectáculos. Su reputación fue tan alta que incluso el famoso Toro Sentado alabó su puntería y la bautizó Little Sure Shot («pequeño tiro seguro»).

Alcanzó destreza en la puntería a base de cazar desde muy pequeña animales que después vendía a restaurantes y hoteles como sustento de su familia.

A los 15 años ganó una apuesta al pistolero Frank Buttler, que ofreció cien dólares a cualquier tirador que lo superara. La pequeña Annie lo venció por no fallar ninguno de los veinticinco disparos que realizó. Un año después se casaron y se marcharon de gira con varios shows. Entre los espectáculos que ofrecían destacaba un número donde Annie acertaba a una moneda en el aire o a un cigarro en la boca de su esposo.

En un choque de trenes en 1901 Annie sufrió una lesión en la columna que requirió de cinco operaciones que la dejaron parcialmente paralizada durante algún tiempo. Aunque se recuperó muy bien, no pudo viajar con tanta frecuencia como lo había hecho hasta el momento. No obstante, su audacia en el disparo no se vio mermada y siguió batiendo récords. En un concurso de tiro en Carolina del Norte en 1922 y con 62 años, Annie consiguió acertar a los cien objetivos de arcilla directamente de la marca señalada a algo más de catorce metros de distancia.

Annie Oakley murió de anemia perniciosa el 3 de noviembre de 1926 en Greenville, Ohio, a los 66 años. Entonces descubrieron que había donado todo su dinero a su familia y a obras de caridad.

Ernest Shackleton, perdido en la Antártida

No hay duda de que Ernest Henry Shackleton (1874-1922) se ha convertido en uno de los expedicionarios con más tesón de la historia.

Shackleton nació en Irlanda y era el mayor de diez hermanos. Su padre era médico y estaba empeñado en que Ernest siguiera sus pasos pero no fue así: el joven Shackleton desobedeció los mandatos paternos y se enroló como marino mercante cuando solamente tenía 17 años. A los 20 era teniente y a los 24 alcanzó el grado de capitán.

Con 28 años fue seleccionado para participar en una expedición a la Antártida junto a Robert Falcon Scott. Para reclutar al resto de la tripulación se publicó un anuncio en el periódico *Times* que ha pasado a la historia: «Se buscan hombres para un peligroso viaje. Salario reducido. Frío penetrante. Largos meses de completa os-

curidad. Constante peligro. Dudoso regreso sano y salvo. En caso de éxito, honor y reconocimiento».

En noviembre de 1902 la expedición alcanzó el punto más austral conseguido jamás por el ser humano hasta esa fecha. La gloria le duró poco al expedicionario, que, atacado por el escorbuto, tuvo que renunciar y regresar a Inglaterra, humillado por no haber podido coronar el Polo Sur.

Shackleton no estaba conforme con aquella mala suerte. Le obsesionaba la necesidad de conquistar el Polo Sur y en 1907 organizó su propia expedición. Partió de nuevo hacia la Antártida a bordo del buque *Nimrod*. De nuevo alcanzaron una latitud récord, pero, a tan sólo ciento ochenta kilómetros de coronar el Polo Sur y tras haber recorrido tres mil kilómetros, se vieron forzados a abandonar.

El expedicionario se preguntaba el porqué de su infortunio. La situación no mejoró cuando hasta sus oídos llegó la noticia de que el 14 de diciembre de 1911 Ronald Amundsen por fin había conquistado el Polo Sur. Shackleton no pudo dar crédito a la noticia. Decepcionado, decidió ponerse un nuevo objetivo que pudiera compensar sus desgracias: cruzar la Antártida a pie pasando sobre el polo. Un total de tres mil trescientos kilómetros.

Expedición Endurance

También fue conocida como la Expedición Imperial Transantártica. Dos embarcaciones que partieron de Inglaterra el 8 de agosto de 1914: el *Endurance*, capitaneado por Shackleton y con veintiocho hombres, y el *Aurora*, a las órdenes del capitán Aeneas Mackintosh. Este segundo barco partía con la misión de ir preparando varios avituallamientos por el lado opuesto al que comenzarían la travesía; de este modo, Shackleton y sus hombres no tendrían escasez de víveres.

Tras varios meses de navegación el *Endurance* quedó bloqueado entre los hielos. Así pasaron bastantes días hasta que a principios de 1915 fueron conscientes de que jamás saldrían de aquellos hielos porque no eran capaces de realizar con el barco ninguna maniobra. Al final el hielo destrozó y hundió la nave. La tripulación tuvo que saltar a la superficie helada. La primera misión que se pusieron fue salvar todo el material que se pudiera antes de que el barco desapareciera en el fondo de aquel océano congelado, cosa que hizo a los pocos días.

Shackleton tuvo que cambiar todos los objetivos que se había marcado al inicio del viaje y centrarse en salvar a sus hombres. Su única meta sería llegar a algún refugio donde se pudiera encontrar víveres aunque por desgracia el punto más cercano quedaba a quinientos kilómetros de distancia.

Se organizó la marcha. Los hombres portaban víveres, combustible, equipos de supervivencia y tres botes salvavidas que en caso de necesidad podrían ser utilizados. Aquella pesada carga y las condiciones del terreno hacían que cada avance fuera toda una odisea. Shackleton, consciente del desgaste que estaban sufriendo sus hombres y el poco resultado que obtenían, ordenó parar. De momento tendrían que acampar y buscar una solución más sensata.

El grupo montó un campamento en el que aguantaron unos tres meses. Los hombres tuvieron que cazar focas intentando conservar por más tiempo la comida envasada. Pronto las presas comenzaron a escasear y el hambre obligó a los marineros a sacrificar los perros que habían llevado para sus traslados en trineo.

El hielo seguía agrietándose y pronto estuvieron en una pequeña isla triangular flotante. Shackleton consideró que era el momento de intentar navegar utilizando los tres botes que habían conservado. Varios días de travesía terminaron por agotar a la tripulación sin tener la certeza de que fueran a conseguir su objetivo. Finalmente encontraron una zona que parecía segura para volver a montar el campamento.

El capitán era consciente de que había que tomar decisiones arriesgadas, el campamento más cercano quedaba muy lejos de su posición y había que intentar localizarlo. Ésa fue la única salvación para sus hombres. La tripulación ayudó a adaptar uno de los botes con la intención de que aguantara una navegación larga. Shackleton se embarcó junto a seis compañeros con el objetivo de localizar ayuda. Como los víveres escaseaban, el capitán llevó sólo comida para cuatro semanas. Si en ese tiempo no habían conseguido llegar al campamento más cercano, estarían perdidos.

Después de quince días de navegación llegaron a Georgia del Sur. Según sus datos a poca distancia de donde se encontraban estaba ubicada una estación ballenera. Shackleton dejó a tres hombres junto al improvisado barco y continuó con otros tres. Caminaron sin descanso hasta que después de más de treinta horas de marcha consiguieron encontrar la estación. Lo primero que hicieron fue ir a recoger en un ballenero a los hombres que se habían quedado protegiendo la pequeña embarcación.

En cuanto cogieron fuerzas intentaron ir en ayuda del resto de compañeros, que aguardaban desesperados, pero el mal tiempo y la barrera helada que los separaba lo hicieron imposible. El marino inglés lo intentó con otras embarcaciones sin éxito. Finalmente y gracias a la intermediación de su gobierno se consiguió un pequeño barco de vapor muy resistente con el que encontró al resto de sus compañeros sin bajas en la expedición.

Peor suerte corrieron los compañeros del *Aurora:* varios de ellos fallecieron intentando cumplir la misión de avituallamiento programada.

El último viaje

No satisfecho con sus hazañas, Shackleton intentó organizar de nuevo una expedición que lo llevara al Polo Norte. Debía conseguir coronarlo antes que Amundsen y sus hombres aunque finalmente, y tras reunir la financiación necesaria, decidió regresar a la Antártida.

Shackleton se volvió a enrolar el 17 de septiembre de 1921 y, aunque parezca imposible, lo siguieron varios de los marinos que lo habían acompañado en la expedición anterior. El viaje hacia la Antártida se desarrolló sin incidentes hasta que en enero de 1922 Shackleton sufrió un ataque cardiaco y falleció sobre el hielo que tantas aventuras le había hecho protagonizar.

Aunque su cuerpo fue devuelto a Inglaterra, su viuda solicitó que fuera enterrado en Georgia del Sur, muy cerca de la antigua base ballenera donde encontraron la ayuda necesaria para regresar con vida en su penúltimo viaje. Hoy en día la tumba es visitada por multitud de aventureros y turistas que pasan por la zona y que recuerdan a aquel marino que la historia recordará por su tesón.

JASPER MASKELYNE, EL MAGO DE LA GUERRA

Era justo hablar en este capítulo de la vida de Jasper Maskelyne (1902-1973), un mago que trabajó para el ejército británico durante la Segunda Guerra Mundial haciendo uso contra el enemigo de la única arma que conocía: la magia.

Y, como se suele decir, de «casta le viene al galgo», porque Jasper era nieto e hijo de grandes magos y se había criado observando los trucos que realizaban su padre y su abuelo.

Maskelyne tenía dos pasiones: la magia y el ejército, al que se alistó en 1940. Allí fue destinado a una unidad menor: Desarrollo y camuflaje de trenes de la compañía Real de ingenieros, un escuadrón cuya misión era camuflar y ocultar nidos de ametralladoras, vehículos, trenes... para que no fueran descubiertos por el enemigo.

Aunque el destino final de su unidad era El Cairo, antes tuvieron que recorrer durante tres meses numerosos países; la razón de tanto viaje podría ser que intentaban despistar a los posibles informadores, porque para el logro de sus objetivos era necesario que nadie conociera de verdad la misión de este grupo de hombres.

Nuestro protagonista consiguió ganarse su reputación gracias a un enfrentamiento con el príncipe Hassan, imán de la tribu de los derviches.

Al parecer, el príncipe, alertado porque en sus tierras se encontraba un extranjero con poderes mágicos, decidió retar al intruso con alguno de sus trucos. De todos era conocido que el imán era contrario a que los ingleses entraran en su territorio, por lo que llegó a prometer una nueva Guerra Santa en el que caso de que así lo hicieran. Maskelyne y el príncipe comenzaron a realizar sus mejores trucos. Si el inglés ganaba, el imán permitiría el paso a las tropas extranjeras.

Los trucos que los dos magos ofrecían se volvían cada vez más y más sofisticados. El príncipe Hassan, como colofón, se clavó una lanza en el vientre. Quedaron asombrados todos menos Jasper, que recordó que aquel truco también lo realizaba su abuelo. Al descubrir la faja de cuero que portaba el príncipe en la que se clavaba la lanza para simular la penetración consiguió el respeto del imán, que terminó accediendo a que los ingleses atravesaran su territorio.

Los mandos de Maskelyne quedaron gratamente impresionados con las buenas artes del mago y decidieron crear lo que se denominó Sección experimental de camuflaje, cuyo objetivo sería luchar contra Rommel (el denominado *Zorro del Desierto)* y su ya famoso Afrika Korps, una sección alemana destinada en el desierto como apoyo a los italianos.

La primera misión encomendada fue camuflar doscientos tanques desembarcados en el puerto de Alejandría y para ello era necesario que atravesaran el desierto sin levantar sospechas. En lo primero que se pensó para camuflar los vehículos fue en la pintura, pero no se contaba con tanta cantidad del preciado líquido. Maskelyne localizó en un vertedero cientos de litros de una salsa Worcester caducada que mezcló con estiércol de camello secado al sol. La combinación, aunque un poco nauseabunda, era lo más parecido al color de la arena. Éste fue el primero de un gran número de trucos más que el mago realizó para el ejército de su país.

Los tanques ingleses se convirtieron casi «por arte de magia» en camiones para la aviación enemiga gracias a que Maskelyne dibujó en varios lienzos la sombra que dejaba un camión. Tan sólo había que plantarla en el suelo cuando pasaban los aviones alemanes para que el engaño funcionara.

Fueron muchos los ingenios que diseñó y fabricó en lo que se terminó bautizando como El Valle Mágico, una nave preparada para que el mago desarrollara su potencial. Aquí se fabricaron ejércitos enteros con cartón y tela que despistaban a los pilotos alemanes. Se llegaron a construir réplicas de submarinos o de acorazados que desde el aire simulaban ser originales.

Pero no se dedicaban solamente en El Valle Mágico a camuflar. También comenzaron a encargarles pequeños artilugios que sirvieran para el espionaje. Maskelyne y sus hombres (entre los que se encontraban diseñadores, modistos, escultores, pintores...) diseñaron una pluma estilográfica que en realidad escondía gas lacrimógeno o unas botas que ocultaban en su interior un pequeño mapa, una brújula, una lima y una sierra metálica.

Uno de los mayores encargos que recibió Maskelyne fue camuflar el puerto de Alejandría, un objetivo primordial para la aviación alemana. El mago comprendió que esconder una ciudad entera iba a ser una misión prácticamente imposible, pero ideó una solución: conseguir simular una réplica de Alejandría unos kilómetros más abajo de su ubicación real y en ello se afanaron más de doscientos hombres. La idea era, cuando los aviones alemanes se acercaran para bombardear el puerto egipcio, apagar las luces de la auténtica Alejandría y encender la réplica despistando al enemigo... ¡Y lo consiguieron! Varios días estuvieron los pilotos de la Luftwaffe bombardeando una ciudad inexistente.

Terminada la guerra, se desmanteló la sección de camuflaje inglesa y se ocultó toda la información referente al grupo. No hubo ni medallas, ni distinciones, ni siquiera agradecimientos.

La familia Maskelyne se trasladó a Kenia, donde siguieron ofreciendo sus servicios para la lucha contra las tribus rivales de las colonias británicas. Toda su vida y sus obras quedaron reflejados en unas memorias que él mismo escribió y que muchos historiadores juzgan como «invenciones». No se conocerá la verdad hasta el año 2046, fecha en la que el Gobierno británico desclasificará todos los documentos relacionados con este ¿mago? del ejército inglés.

Rosa Parks, la mujer negra que desafió la América blanca

Que hoy en día Estados Unidos tenga un presidente negro es resultado de la batalla que a lo largo de la historia reciente americana muchos negros han llevado a cabo. Algunos han recibido reconocimiento por ello; otros, en cambio, permanecerán en el anonimato.

Rosa Parks (1913-2005) es una de las mujeres que más luchó por defender los derechos de los afroamericanos. Nació en Alabama y era hija de un carpintero y una maestra de escuela. Era costurera de profesión aunque empleaba gran parte de su tiempo como secretaria en la Asociación Nacional para el avance del Pueblo de Color en unos tiempos complicados, cuando los negros no tenían los mismos derechos que los blancos. Se les negaba el acceso a los lugares donde acudían los blancos, escuelas, hospitales, restaurantes...

Era tal la marginación que sufrían que incluso estaban obligados a viajar en la parte trasera de los autobuses.

El 1 de diciembre de 1955 Rosa Parks volvía a casa después de varias horas de trabajo. Se acomodó en uno de los asientos centrales (que podían usar en el caso de que no fueran utilizados por ningún blanco). Cuando el autobús comenzó a llenarse, el conductor ordenó a Rosa que dejara libre su asiento para que lo utilizara un joven blanco que acababa de subir. Aunque el conductor amenazó con llamar a la policía Rosa no se levantó. Finalmente llegaron los agentes y Rosa Parks fue detenida y obligada a la fuerza a ceder su asiento. Pasó la noche en prisión y tuvo que pagar una multa, pero su caso fue conocido por la opinión pública y pronto los movimientos antirraciales americanos, capitaneados por un joven Martin Luther King, organizaron una oleada de protestas para exigir la igualdad de los negros americanos. Más de un año de manifestaciones que concluyeron con una marcha de más de treinta mil afroamericanos que recorrieron nueve kilómetros.

El caso Parks llegó a la Corte Suprema y un año después el Gobierno americano reconocía que algunas normas vulneraban la constitución americana y se prohibió cualquier tipo de discriminación por raza en los lugares públicos.

Rosa Parks falleció a los 92 años, un año después de que se le diagnosticara una demencia progresiva. Pasó toda su vida defendiendo los derechos civiles de los suyos. Su labor fue reconocida por el Congreso americano, que en 1999 le concedió la Medalla de Oro del Congreso de Estados Unidos.

Fugados de Alcatraz

Hoy en día Alcatraz se ha convertido en una atracción más para los turistas que visitan la bahía de San Francisco en California, pero en sus tiempos fue considerada como una de las cárceles más inexpugnables de Estados Unidos hasta que fue desmantelada en 1963.

La isla se convirtió en prisión en 1934 y estuvo operativa durante veintinueve años. Aquella mole de cemento fue hogar para algunos históricos criminales, como Al Capone, George Kelly (famoso durante la era de la prohibición, sus crímenes incluyen contrabando, robo a mano armada y, sobre todo, secuestro) o James

Whitey Bulger (detenido por pertenecer al crimen organizado). Fue acusado de asesinato, extorsión, blanqueo de dinero y tráfico de estupefacientes.

Durante los años en que la prisión estuvo operativa jamás se escapó un preso con éxito y eso que lo intentaron treinta y seis internos aunque el 11 de junio 1962 Frank Morris, John Anglin y Clarence Anglin huyeron de la famosa «roca» pese a que se sospecha que fallecieron en el intento.

Frank Morris

Frank Lee Morris (1926-) nació en Washington D.C. y a los 13 años ya cometió su primer crimen. A partir de ese momento fue detenido en varias ocasiones por posesión de narcóticos o atraco a mano armada. Al parecer tenía un coeficiente intelectual superior a la media y es posible que eso provocara que las autoridades tuvieran que trasladarlo cada cierto tiempo de las cárceles en las que estaba preso.

El 20 de enero de 1960 fue trasladado a la prisión de Alcatraz. Allí se convirtió en el prisionero AZ1441 y en uno de los más conocidos de la historia americana.

John Anglin

John William Anglin (1930-) nació en Donalsonville, Georgia, y pasó su juventud trabajando como agricultor. Junto a su hermano Clarence comenzó a robar bancos hasta que en 1956 fueron detenidos y encarcelados. Al igual que Frank Morris fueron pasando de prisión en prisión hasta que el 21 de octubre de 1960 fue trasladado a Alcatraz tras intentar escaparse de la penitenciaría federal de Leavenworth. Ingresó con el número de recluso AZ1476.

Clarence Anglin

Al igual que su hermano, Clarence Anglin (1931-) nació y se crio en Georgia. Trabajó como agricultor hasta que decidió atracar bancos junto a su hermano. Fue detenido junto a su hermano e intentó escaparse de la penitenciaría federal de Leavenworth. Ingresó en la prisión de Alcatraz unos meses después que su hermano, el 10 de enero de 1961, con el número AZ1485.

La fuga

Parece ser que Frank Morris fue el primero en darse cuenta de que la pared que rodeaba la rejilla de ventilación de su celda no era demasiado sólida y que si arrancaba el material de alrededor podría hacer un agujero lo suficientemente ancho como para arrastrarse al interior del conducto de ventilación.

Junto a su compañero de celda, Allen West, y los hermanos Anglin comenzó a idear el plan de fuga. Fueron multitud de internos los que ayudaron a estos presos al suministrarles el material necesario para la huida. Necesitaron más de cincuenta impermeables para fabricar una balsa que se inflaría gracias al fuelle de un acordeón. También robaron en distintas dependencias pegamento, papel cartón e incluso pelo humano de la barbería con el que fabricarían la réplica de sus cabezas.

El 11 de junio de 1962 fue el elegido para la fuga aunque Allen West estuviera algo retrasado con el túnel de su celda. A las nueve y media de la noche Frank Morris y los hermanos Anglin colocaron en sus camas las cabezas fabricadas en cartón y simularon con ropas sus cuerpos dormidos. Arrancaron las rejillas de sus celdas y comenzaron a reptar por las conducciones de aire. West, atemorizado, no consiguió salir de su celda hasta varios minutos después aunque fue demasiado tarde, pues sus compañeros ya habían partido del punto de encuentro.

Los tres presos tuvieron que recorrer varios pasillos y tuberías hasta llegar a una trampilla que los conectaba con el techo de la prisión. Recorrieron los tejados de la penitenciaría y saltaron varias vallas metálicas hasta que por fin llegaron al exterior de la prisión.

Allí inflaron la balsa y comenzaron a remar sobre unas aguas gélidas.

A la mañana siguiente los carceleros encontraron las habitaciones vacías de los tres reclusos y las réplicas de sus cabezas. Dio comienzo una de las cacerías más grandes de la historia con cientos de policías y agentes del FBI que rastrearon toda la zona y que montaron un dispositivo de seguridad del cual era imposible salir.

La policía encontró un bolso, fabricado también con impermeables, con los objetos personales de los hermanos Anglin y, aunque no se localizaron los cuerpos de ninguno de ellos, los investigadores concluyeron que debieron morir en el intento por la imposibilidad de saltarse un control tan férreo.

Alcatraz fue cerrada unos meses después de la fuga de estos tres curiosos presos.

Si quiere saber más... Bibliografía

Aira, C., *Canto castrato*, Mondadori, 2003.

Almodóvar, M. A., *Yantares de cuando la electricidad acabó con las mulas*, Nowtilus, 2009.

—, *Armas de varón: mujeres que se hicieron pasar por hombres*, Oberon, 2004.

Alzogaray, R. A., *Una tumba para los Romanov y otras historias con ADN*, Siglo XXI Editores Argentina, 2004.

Angulo, E., *Monstruos*, 451 Editores, 2007.

Anson, L. M., *Los Borbones. Imágenes para la historia de una familia real*, La Esfera de los Libros, 2007.

Artola, R., *La carrera espacial. Del Sputnik al Apolo 11*, Alianza, 2009.

Bekoff, M., *Nosotros los animales*, Trotta, 2003.

Bielba, A., *Jack el destripador y otros asesinos en serie*, Edimat, 2007.

Borras Roca, L., *Asesinos en serie españoles*, J. M. Bosch Editor, 2002.

Boysen, S., *Animales inteligentes. Historia extraordinaria de las criaturas más ingeniosas del planeta*, Océano Ámbar, 2009.

Brewew, J., *Un crimen sentimental. Amor y locura en el siglo XVIII*, Editorial Siglo XXI, 2006.

Browning, M., y Maples, W. R., *Los muertos también hablan: memorias de un antropólogo forense*, Alba, 2001.

Brzezinshi, M., *La conquista del espacio. Una historia de poder*, El Ateneo, 2008.

Buller, L., *Mitos y monstruos*, Pearson Educación, 2004.

Burrow, J., *Historia de las historias de Herodoto al siglo XX*, Crítica, 2008.

Carnicer García, C. J., y Marcos Rivas, J., *Espías de Felipe II. Los servicios secretos del imperio español*, La Esfera de los Libros, 2005.

Carrillo de Albornoz, J. M., *Las hemorroides de Napoleón*, Styria, 2009.

Casado Ruiz de Loizaga, M. J., *Las damas del laboratorio*, Debate, 2006.

Casas Castells, E., *Reyes de España. Desde los primeros reyes godos hasta hoy*, Libsa, 2006.

Cebrián, J. A., *Psicokillers. Perfiles de los asesinos en serie más famosos de la historia*, Nowtilus, 2007.

—, *Pasajes de la historia II. Tiempo de héroes*, Corona Borealis, 2003.

Chesterton, G. K., *Breve historia de Inglaterra*, El Acantilado, 2005.

Churchill, W., *La Segunda Guerra Mundial*, La Esfera de los Libros, 2002.

Cody, W., *Mi vida en las praderas. Memorias del explorador más célebre del Lejano Oeste*, José J. de Olañeta Editor, 1995.

Concostrina, N., *Menudas historias de la historia. Anécdotas, despropósitos, algaradas y mamarrachadas de la humanidad*, La Esfera de los Libros, 2009.

—, *Polvo eres. Reyes, papas y santos*, Fundación Austime Mas Casadevall, 2005.

Cornwell, P., *Retrato de un asesino: Jack el Destripador, caso cerrado*, Ediciones B, 2003.

Defoe, D., *Historia general de los robos y asesinatos de los más famosos piratas*, Valdemar, 1999.

Fisher, D., *El mago de la guerra*, Almuzara, 2007.

Ford, P., y Howell, M., *La verdadera historia del hombre elefante*, Turner, 2008.

Frattini, E., *Los espías del papa*, Espasa-Calpe, 2008.

—, *CIA. Joyas de familia*, Martínez Roca, 2008.

—, *La Santa Alianza. Historia del espionaje vaticano de Pío V a Benedicto XVI*, Espasa-Calpe, 2005.

García Mostazo, N., *Libertad vigilada. El espionaje de las comunicaciones*, Ediciones B, 2002.

González, J. G., y Heylen Campos, D., *Criptozoología. El enigma de los animales imposibles*, Edaf, 2002.

González Requena, J., *Los tres Reyes Magos. La eficacia simbólica*, Akal, 2002.

Granados Martínez, A., *¿Es eso cierto? Fraudes, errores, experimentos inauditos... Todas las respuestas sobre el mundo científico*, Aguilar, 2009.

Gordon, T., *Al servicio de su majestad. Cien años de espionaje británico,* Ediciones B, 2009.

Guardia Herrero, C., *Historia de los Estados Unidos,* Sílex Ediciones, 2009.

Hernández, J., *Las cien mejores anécdotas de la historia militar,* Inédita, 2007.

—, *Las cien mejores anécdotas de la Segunda Guerra Mundial,* Inédita, 2004.

Herradón Ameal, O., *Historia oculta de los reyes. Magia, herejía y superstición en la corte,* Espejo de Tinta, 2007.

Laboa Gallego, J. M., *Historia de los papas,* La Esfera de los Libros, 2005.

León Amores, C., *Buceando en el pasado. Los grandes naufragios de la historia,* Espasa-Calpe, 2009.

Martínez Láinez, F., *Los espías que estremecieron al siglo,* Corona Borealis, 2009.

Messadie, G., *Los grandes inventos de la humanidad,* Alianza, 1995.

Misrahi, A., *El libro de los asesinos,* T&B Editores, 2006.

Moliner, A., *La guerra de la independencia en España (1808-1814),* Nabla Ediciones, 2007.

Monod, P. K., *El poder de los reyes. Monarquía y religión en Europa 1589-1715,* Alianza, 2001.

Moreno Alonso, M., *Napoleón. La aventura de España,* Sílex Ediciones, 2004.

Northcutt, W., *The Darwin Awards 4,* Plume Editions, 2007.

—, *The Darwin Awards III. Survival of the Fittest,* Plume Editions, 2004.

Posner, G. L., y Ware, J., *Mengele. El médico de los experimentos de Hitler,* La Esfera de los Libros, 2002.

Pselo, M., *Vidas de los emperadores de Bizancio,* Gredos, 2005.

Rey Bueno, M., *Magos y Reyes. El ocultismo y lo sobrenatural en las monarquías,* Edaf, 2004.

Rowland-Entwistle, T., *¡Eureka! Un libro sobre inventos,* Diagonal, 2002.

Sánchez Sorondo, G., *Historia oculta de la conquista de América. Los hechos omitidos de la historia oficial y la leyenda negra del descubrimiento del nuevo mundo,* Nowtilus, 2009.

Sole, J. M., *Los reyes infieles. Amantes y bastardos. De los Reyes Católicos a Alfonso XIII,* La Esfera de los Libros, 2005.

Soler Fuensanta, J. R., *Soldados sin rostro. Los servicios de información, espionaje y criptografía en la Guerra Civil española*, Inédita, 2008.

Souza, P., *La guerra en el mundo antiguo*, Akal, 2008.

Strosser, E., y Prince, M., *Breve historia de la incompetencia militar*, Ediciones B, 2009.

Torán, R., *Los campos de concentración nazis. Palabras contra el olvido*, Península, 2005.

Vidal, C., *Mitos y falacias de la historia de España*, Ediciones B, 2009.

—, *Mentiras de la historia de uso común*, La Esfera de los Libros, 2006.

VV AA, *El ocio en la Roma antigua*, Universidad de Deusto, 2008.

—, *Historias de guerra*, Inédita, 2007.

—, *Historia de la guerra. La más completa y actualizada obra histórica de referencia*, La Esfera de los Libros, 2006.

—, *Shackleton. La odisea de la Antártida*, Planeta, 2007.

Weider, B., y Guegen, E., *Napoleón. The Man Who Shaped Europe*, Spellmount, 2004.

Willis, C., *Hielo. Historias de supervivencia de la exploración polar*, Ediciones Desnivel, 2002.

Créditos de las ilustraciones

Los derechos de las fotografías de las páginas 111, 113, 203, 206, 222 y 234 han sido obtenidos a través de copyright 2010. Photo Scala, Florence/BPK, Bildagentur fuer Kunst, Kultur und Geschichte, Berlin; de las páginas 107, 127, 159, 169, 230 copyright 2010. White Images/Scala, Florence; y de la 224 copyright 2010. Photo Scala Florence/Heritage Images.

La fotografía de la página 46 es de Goyenechea; las ilustraciones de las páginas 49, 67 pertenecen a copyright P. López / Biblioteca Nacional de España; de la página 50 copyright A. G. E. Fotostock; de la 130 copyright Archivo Santillana; de la 132 copyright Museum Iconografía / J. Martin; de la 149 copyright GARCÍA-PELAYO, S. L. Servicios Fotográficos/REAL ACADEMIA DE BELLAS ARTES DE SAN FERNANDO; de la 184 copyright EFE / UNITED PRESS PHOTO; de la 187 copyright EFE / SIPA-PRESS / Villard; y la fotografía de la página 225 es de J. Gómez.

El resto de las ilustraciones han sido obtenidas a través de Getty Images (páginas 53, 55, 56, 208, 227, 237 y 239), Cordon Press (páginas 59, 175, 198 y 202), ACI (páginas 20, 26, 29, 77, 85, 91, 137, 151 y 154) y Latinstock (páginas 19, 30, 64 y 80).

Las historias fantásticas nos acompañan desde el principio de los tiempos, relatadas al calor de la hoguera y transmitidas de generación en generación. Son fábulas destinadas a entretener, asustar o sorprender, dirigidas sobre todo a los más jóvenes y generalmente con moraleja: no vayas por ese camino, no llegues tarde a casa, no hables con desconocidos…

En la actualidad estas narraciones se conocen como «leyendas urbanas». Inquietantes, macabras, divertidas o directamente increíbles, circulan por Internet, llegan a nuestro correo electrónico y a nuestros teléfonos móviles. ¿Quién no ha oído hablar de la misteriosa chica de la curva o de los cocodrilos que viven en las alcantarillas de Nueva York? Éstas y otras muchas están en este volumen, que incorpora también las leyendas más recientes. En suma, una forma entretenida de conocer los miedos y supersticiones que, en mayor o menor grado, todos compartimos.

Contigo
Ángel Gabilondo

El sentimiento de culpa
Laura Rojas Marcos

La buena crisis
Álex Rovira

Uno más de la familia
César Millán con Melissa Jo Peltier

Verdades como puños
Iñaki Gabilondo

Educar con sentido común
Javier Urra

El cuadrante del flujo de dinero
Robert T. Kiyosaki